新時代の保育双書

保育内容 ことば
第3版

みらい

執筆者一覧（五十音順）　○＝編者

○ 赤羽根有里子（あかばねゆりこ）	（元岡崎女子大学）	第11章
市毛愛子（いちげあいこ）	（大阪芸術大学短期大学部）	第7章
上田信道（うえだのぶみち）	（元岡崎女子大学）	第12章コラム
大橋喜美子（おおはしきみこ）	（元大阪総合保育大学）	第5章
菅原創（すがわらはじめ）	（江戸川双葉幼稚園）	第2章
○ 鈴木穂波（すずきほなみ）	（大阪大谷大学）	第4章・第12章
机ひとみ（つくえひとみ）	（元浜松学院大学短期大学部）	第10章
中西由香里（なかにしゆかり）	（豊田市教育センター）	第11章第3節3
成田徹男（なりたてつお）	（元名古屋市立大学）	第14章
濱名浩（はまなひろし）	（関西国際大学　立花・武庫愛の園幼稚園）	第8章
細野美幸（ほそのみゆき）	（鎌倉女子大学短期大学部）	第3章
松永幸代（まつながさちよ）	（飯田短期大学）	第13章
村田あゆみ（むらたあゆみ）	（名古屋女子大学）	第9章
山本聡子（やまもとさとこ）	（名古屋柳城女子大学）	第1章
和田典子（わだのりこ）	（姫路大学）	第6章第1・2・3節
和田真由美（わだまゆみ）	（姫路大学）	第6章第3節

はじめに

　このテキストは、大学や短期大学、あるいは保育系専門学校等で、保育士資格や幼稚園教諭免許の取得をめざす学生を主たる対象として、保育内容「言葉」を学ぶためのものとして編まれています。したがって、まずは保育内容「言葉」で何を学ぶか理解したうえで学びに入ることができるよう、保育内容「言葉」とはどのようなものかということを最初に置きました（第1章）。この授業を担当していて感じるのは、学生にとって「言葉」は馴染み深い言葉なのですが、逆にそれゆえ、保育内容「言葉」との区別がつかないままに、言葉自体（例えば日本語の言葉の使い方・教え方）を学ぶというイメージをもったまま授業に臨む学生が少なくないことでした。この第3版は3法令揃っての改訂（指針のみ改定）を受けて出版されたものであり、ここで示された領域「言葉」のねらいと内容、他の領域とのかかわりについて理解したうえでこれからの学びにつなげることは、重要な意味をもっています。

　第2章から第8章は、ことばの発達やかかわり、保育者の援助について、基本的な知識や具体的な事例を中心に、背景となる理論を織り交ぜながら、さまざまな角度からせまりました。この流れは第2版とほぼ同じですが、第3版では「ことばの発達と絵本」（第4章）を加えています。これは、ことばの発達と児童文化財の一つである絵本がいかに密接にかかわっているかを、乳児向け絵本を中心に具体的に示したいというねらいによるものです。

　第9章から第13章は主にことばの文化財（児童文化財）について記したものですが、単なる表現技術の習得に留まらないよう、その文化的な背景にも言及できる児童文学・児童文化を専門とする執筆者が担当しました。

　第14章は、「ことば」や「日本語」とはどのようなものかということを理解するためのいわゆる「日本語学」「言語学」の基本理論を、保育者向けにわかりやすく解説したものです。小・中学校で国語を教える教員であれば必修領域ですが、子どものことばを理解したり、適切な支援を行ったりする保育者にとっても極めて重要な章です。

　なお、本書では「ことば」「言葉」「言語」という用語が使われていますが、おおよそ、「ことば」は言語というものを広く大きくさすものとして、「言語」は日本語や英語などそれぞれの体系をもったものとして使うようにしたつもりです。

　今回本書の編集にあたっては、これまでの編集方針を基本的に受け継ぎ、現場の先生方の声もできる限り取り入れながら、現代の学生が興味関心をもって主体的に学べるよう、各専門の先生方に執筆をお願いしました。この

テキストは最初『ことば』として2002年に出版されました。その後2008年に『保育内容ことば』として改訂され、2010年に第2版、そして今回編者を交代し第3版が出版されました。このように長く版を重ねることができましたのも、最初にこのテキストの編集方針やその柱となる構成を考え、改訂のたびに支え続けてくださった成田徹男先生のお力があってのことです。編集担当の方にも、大変お世話になりました。執筆者一同、この本が、保育者をめざす学生だけはなく、子どものことばに関心をもつ多くの方々に広く読まれることを期待しております。

2018年1月

編者　赤羽根有里子・鈴木穂波

●目　次●

第1章　保育内容「言葉」とはどのようなものか

第1節●保育内容「言葉」で何を学ぶか …………………………………………………11
　　1 ── 保育者として子どものことばの育ちにかかわるために／11
　　2 ── 保育所保育指針、幼稚園教育要領、幼保連携型認定こども園教育・保育要領について／12
　　3 ── 領域「言葉」のねらいと内容／15
第2節●ことばを身につけるとはどういうことなのか ………………………………20
　　1 ── ことばの獲得にかかわる要素／20
　　2 ── ことばの役割／21

第2章　子どもの発達とことばはどのように関連しているか

第1節●身体の発達とことば ………………………………………………………………24
　　1 ── 子どもの成長と運動／24
　　2 ── 運動で必要とされることばの役割／25
　　3 ── 概念的な理解をうながすことば／26
第2節●人間関係の発達とことば …………………………………………………………27
　　1 ── 人間関係を形成するということ／27
　　2 ── 人間関係におけることばの意義／27
第3節●環境とのかかわりとことば ………………………………………………………29
　　1 ── 感覚運動期からことばを通じた身の周りの環境の理解へ／29
　　2 ── 内言による論理的思考の発達／30
第4節●表現能力の発達とことば …………………………………………………………32
　　1 ── 伝えたり表現したりすることへの興味・関心／32
　　2 ── 遊びのなかで文字を楽しむ／33

第3章　子どものことばの発達

第1節●胎生期・新生児期 …………………………………………………………………35
　　1 ── 発達の様子／35
　　2 ── 保育者のかかわり／37
第2節●乳児期 ………………………………………………………………………………38
　　1 ── 発達の様子／38

   2 ── 保育者のかかわり／42
 第3節●幼児期 ……………………………………………………………………………44
   1 ── 発達の様子／44
   2 ── 保育者としてのかかわり／48
コラム：発音の変化／51

第4章　子どものことばの発達と絵本

 第1節●ことばの発達と絵本 ……………………………………………………………52
   1 ── 保育内容「言葉」における「絵本」の位置づけ／52
   2 ── ことばの発達における絵本の意義／53
   3 ── 一冊の絵本をそれぞれに楽しむ／54
 第2節●子どもと絵本 ……………………………………………………………………55
   1 ── 赤ちゃんと絵本／55
   2 ── 2～3歳児と絵本／58
   3 ── 4～5歳児と絵本／60

第5章　ことばの発達をうながす援助をどう考えるか─保育の計画や実践─

 第1節●保育の全体的な計画と保育内容「言葉」 ………………………………………64
   1 ── 教育課程と全体的な計画を作成する際の「言葉」の考え方／64
   2 ── 全体的な計画を作成する際の留意点と「ことば」／65
   3 ── 年間指導計画と、月案・週案・日案／65
 第2節●事例にみる週案・日案 …………………………………………………………66
   1 ── 事例1：週案（ことばを中心に）／66
   2 ── 事例2：日案（2006年12月12日）／68
 第3節●週案・日案を立てる際に配慮したいこと ………………………………………71
   1 ── 感動とことば／71
   2 ── 子どもが主人公である人間関係とことば／71
   3 ── 特別に支援がいる子どもとことば／72
 第4節●保育者と家庭の連携 ……………………………………………………………73
   1 ── 現代の家族のあり方と子どものことば／73
   2 ── 親への連絡や連携の重要性／73

第6章　3歳児以上の文字環境と小学校「国語」への連携

第1節●3歳児以上の保育内容の共通化と「ことば」の発達 ……………………………………75
1 ── 3法令の3歳児以上の内容の共通化がめざすもの／75
2 ── 現代生活と「ことば」の環境／76
3 ── 文字習得の格差と問題点／77
4 ──「文字等への関心・感覚」の育みが「学びに向かう力」へ／77
5 ── 幼児教育と小学校教育の連続性の強化／79

第2節●幼児期に育む文字習得の前提となる能力 ……………………………………81
1 ── 記号や文字への気づきと関心 －「わたしの印」から「意味ある記号」へ－／81
2 ── 記号の意味とグローバルな視点／81
3 ── 記号や図象で遊ぶ／83
4 ── 文字を読む・書くためのレディネス／84
5 ── 読み書きのレディネスの実際／85

第3節●文字環境を整える ……………………………………89
1 ── 文字を見せる／89
2 ── 用具の準備／91

第7章　ことばの発達についてどのような課題があるか─現代社会と保育─

第1節●期待される子育て支援 ……………………………………95
1 ── 子育て支援とは／95
2 ── 入所児童の保護者への支援／96
3 ── 地域における子育て支援／99

第2節●多文化共生社会・情報社会におけることばの指導 ……………………………………100
1 ── 多文化共生社会における保育／100
2 ── 情報社会の保育／104
3 ── まとめ／106

第8章　保育者は子どもにどう働きかけていくか─保育者の役割─

第1節●3歳未満の子どもに保育者はどう働きかけるか ……………………………………108
1 ── 応答的な働きかけによって育つことば／108
2 ── 未満児同士のトラブルの場面では／111

第2節●3歳以上に保育者はどうことばかけをするのか ……………………………………111

第3節●子どもとの接し方、ことばの発達をうながす援助 ……………… 113
  1 ── 子どもと共感できる温かい会話をする／113
  2 ── 子どものことばをしっかり受け止める／114
  3 ── ことば以外の表情や身振りを大切にする／116
  4 ── 子どものことばに正しくわかりやすい返答をするなかで、正確なことばの使い方を知らせる／116
  5 ── 子どもと振り返り、思いをことばにする／118
  6 ── 親しみをもってあいさつをする／118
  7 ── 時と場合に応じた適切なことばの使い方を伝える／119
第4節●トラブル場面で保育者はどうことばかけをするか ……………… 119
  1 ── ケンカをしている子どもに／119
  2 ── ののしり、からかい、悪口にどう対処するか／121
  3 ── 肯定的に誘いかけたり、ほかの行動をうながしたりすることばかけ／123
  4 ── 禁止や叱声(しっせい)について／125
  5 ──「なぜ」という問いかけ／125

第9章　子どものことばを育む環境とことばの文化財

第1節●ことばの環境と文化財 …………………………………………… 128
  1 ── ことばを育む環境／128
  2 ── メディアとことば／129
  3 ── はじめて出会うことばの文化財／130
第2節●子どもを育てることばの文化財 ………………………………… 130
  1 ── ことばの文化財とは何か／130
  2 ── 見て聞いて楽しむおはなしの世界／131
コラム：「三匹のこぶた」の狼は悪者か？／137

第10章　絵本にはどのようなものがあるか

第1節●絵本を読んでみよう ……………………………………………… 138
  1 ── まず、たくさん読んでみよう／138
  2 ── いろいろな種類がある／139
第2節●絵本を選ぶ ………………………………………………………… 140
  1 ── 絵本をどう選ぶか／140
  2 ── 年齢や季節、行事にふさわしいか／141
  3 ── 子どもは繰り返しが大好き／142

4 ── 代表的な絵本のリスト／143
第3節●絵本から児童文学へ ……………………………………………………………*145*
　　　1 ── 読み聞かせから読書へのつながり／145
　　　2 ── 広がる読書の世界／146

第11章　絵本の読み聞かせをやってみよう

第1節●読み聞かせの効用 ………………………………………………………………*148*
　　　1 ── 読み聞かせとは／148
　　　2 ── 字が読めるようになった子どもにも「読み聞かせ」は必要／149
　　　3 ── 読み聞かせの効用／150
第2節●絵本をどう使うか─読み聞かせの準備─ ……………………………………*150*
　　　1 ── 選んだ絵本をじっくりと読む／150
　　　2 ── 登場人物の気持ちを想像しながら音読する／151
　　　3 ── 子どもの反応を予想しながら音読し、ページをめくる／151
第3節●読み聞かせの方法─準備が整ったら、実際にやってみよう─ …………*151*
　　　1 ── 1人の子どもに対して行う場合／151
　　　2 ── 集団の前で行う場合／152
　　　3 ── 絵本を用いた日案例の紹介／153

第12章　紙芝居を演じてみよう

第1節●紙芝居の特性 ……………………………………………………………………*157*
　　　1 ── 紙芝居の魅力／157
　　　2 ── 絵本との違いにみる紙芝居の特性／158
第2節●紙芝居を演じる …………………………………………………………………*159*
　　　1 ── 紙芝居を選ぶ／159
　　　2 ── 紙芝居を演じる前に／162
　　　3 ── 紙芝居の演じ方／163
第3節●保育における紙芝居 ……………………………………………………………*165*
　　　1 ── 保育と紙芝居／165
　　　2 ── 紙芝居を作ってみよう／167
コラム：紙芝居の歴史／170

第13章　ことばで遊ぶ

第1節●ことば遊びとは……………………………………………………………………171
　　1 ── 豊かなことばの世界／171
　　2 ── 3法令における「ことば遊び」／173

第2節●ことばで遊ぶ………………………………………………………………………173
　　1 ── さまざまなことば遊び／173
　　2 ── 子どもたちのことばに耳をすませよう／181

第14章　ことばとは、日本語とはどのようなものか

第1節●「ことば」とは、どのようなものなのだろうか……………………………183
　　1 ── ことばは変わる／183
　　2 ──「ことば」はなぜ通じ、そして通じないか／184
　　3 ──「ことば」は要素が並んでいる／185
　　4 ──「ことば」の要素は2段階になっている／186

第2節●「ことば」をささえる体─生理学的な基礎─…………………………187
　　1 ── 大脳言語中枢・聴覚器官・構音器官／187
　　2 ── それらの障害が言語発達に及ぼす影響／189
　　3 ── 保育者として留意すべき問題／190

第3節●日本語の音はどのようなものか………………………………………………191
　　1 ──「音声」と「音韻」／191
　　2 ── 日本語の母音と子音／192
　　3 ── 日本語の「拍」と「音節」／193

第4節●日本語の語や文法はどのようなものか………………………………………194
　　1 ── 文をつくる機能語／194
　　2 ── 文末が大切／194

第5節●日本語の文字はどのようなものか……………………………………………195
　　1 ── にぎやかな文字／195
　　2 ── 文字指導・外国語教育の問題について／196

コラム：ことばかけを考える─子どもの常識と大人の常識─／198

第1章 保育内容「言葉」とはどのようなものか

◆キーポイント◆

　自分がどのようにして言葉を使えるようになったか、覚えている人はほとんどいないだろう。そのせいもあってか、言葉というものは自然に覚えて使えるようになると捉えられがちである。しかし周囲とのかかわりなしに言葉の獲得は難しく、信頼できる周りの大人との応答的な関係が必須となる。
　保育者は子どもにとって、家族と同様に子どもの言葉の成長発達に重要な影響を与える存在であることを認識し、保育者として子どもの育ちにかかわるために身につけるべきことがらを概観する。

第1節 ● 保育内容「言葉」で何を学ぶか

1 ── 保育者[※1]として子どものことばの育ちにかかわるために

　子どものことばは、信頼している周囲の大人との愛着関係を基盤とした応答的なかかわりのなかで育っていく。保育者は子どもにとって、安心して自分の気持ちを表出できる大人であり自分の気持ちを汲み取ってくれる存在である。安心できるかかわりのなかで、保育者が語りかけたり子どもの気持ちをことばにしたりすることを積み重ね、ことばの発達の基礎ができていく。
　保育者として、子どものことばの育ちに寄り添い支えていくためには、身につけておきたいことがらがある。それらを以下に紹介する。

(1) 子どものことばの発達の道筋を知る

　子どものことばの発達の道筋を知ることにより、見通しをもって一人ひとりの"今このとき"の育ちを見つめ、かかわっていくことができる。また、一対一で言葉を交わす場や集団の子どもたちに話しかける場で、わかりやすく、かつ子どもの思考を促す援助を行えるようにもなる。その時々の子どもに理解しやすい話し方をするためにも、発達の理解が役立つ。さらに子どもの発達特性を心に留めながら子どもを見ることで、表に現れたことばや姿だ

※1　本書では保育士、幼稚園教諭、保育教諭を保育者と総称する。

けではなく、内面も含めた理解をより深めていくことにもつながる。

(2) 領域「言葉」について理解する

　保育所保育指針、幼稚園教育要領、幼保連携型認定こども園教育・保育要領（以下、指針、要領、教育・保育要領と略す）について学び、特に領域「言葉」のねらいと内容を理解すること、他の領域とのかかわりについて理解することが大切である。これにより、保育の計画、実践、振り返りを通じた保育の質の向上を保障するとともに、保護者・園全体・小学校など子どもにかかわる人々と、子どもに対する願いや保育の原則を共有して子どもの育ちに寄り添うことにつながる。

(3) 言語環境を整え言語活動を充実させる実践力[※2]を身につける

※2
　第1章総則第4　3（3）、教育・保育要領第1章総則第2　2（3）エに明記されている。

　(1)、(2)の学びを土台として、発達を踏まえた言語環境を整え、言語活動を充実させる実践力を身につけたい。これには、絵本や手遊び、わらべうた、ことば遊びなどの児童文化財を適切に選択し、展開していく力も含まれる。

　園生活のなかにはさまざまな文字や記号が取り入れられている。それらを当たり前のものとしてなんとなく用いるのではなく、目にした子どもがどのように受け止めているか、どのような思考や育ちを引き出しているかを意識し、ねらいと見通しをもって環境を整えていけるようでありたい。また、情報化社会といわれる現代において、絵本や手遊び、歌遊びなどが日々新しく生まれている。古くからある良いものも含めて、選択に迷うほどである。保育者自身が「楽しい」「好ましい」と感じることももちろん大切だが、単なる好みだけではなく子どもに適したものを選ぶ目を養い、その良さを生かした保育の展開に結びつけていく実践力を身につけることが求められる。

　また、保育者自身が子どもにとって大きな影響力をもつ人的環境となることを受け止め、「話す、聞く、読む、書く」の一つひとつを振り返って、自身の言語活動をより高めていこうとする姿勢も大切にしてほしい。

2 ── 保育所保育指針、幼稚園教育要領、幼保連携型認定こども園教育・保育要領について

(1) 保育のガイドライン

　指針、要領、教育・保育要領は、国による保育および教育の考え方を示し、保育実践の計画のためのガイドラインとしての役割をもっている。

　要領が1956（昭和31）年に、指針が1965（昭和40）年に初めて刊行されて

以来、時々の社会の変化に合わせて見直されながら、2014（平成26）年に教育・保育要領も加わり、2017（平成29）年には、初めて3法令揃っての改訂（定）がなされた。

この改訂では、保育所・幼稚園・幼保連携型認定こども園の全てを「幼児教育を行う施設」として改めて捉えなおし、「幼児教育を行う施設として共有すべき事項」を設定した。それが「育みたい資質・能力」「幼児期の終わりまでに育ってほしい姿」である。世界各国において乳幼児期の教育の重要性が再認識され[※3]、日本でも質の高い保育・幼児教育とは何かという議論が高まっているなかで、生きる力の基礎となる非認知能力[※4]を乳幼児期から育てていこうと、「育みたい資質・能力」（表1-1）が加えられた。

(2) 「育みたい資質・能力」と「幼児期の終わりまでに育ってほしい姿」

表1-1　「育みたい資質・能力」[※5]

> ①豊かな体験を通じて、感じたり、気付いたり、分かったり、できるようになったりする「知識及び技能の基礎」
> ②気付いたことや、できるようになったことを使い、考えたり、試したり、工夫したり、表現したりする「思考力、判断力、表現力等の基礎」
> ③心情、意欲、態度が育つ中で、よりよい生活を営もうとする「学びに向かう力、人間性等」

「育みたい資質・能力」（表1-1）とは、乳幼児期から始まって小学校、中学校、高校、それ以降へと伸びていく中核的な力であり、保育においては5領域の保育内容に示された活動を通じて、「資質・能力」の基礎を育てていくことが示されている。この「資質・能力」が明らかにされたことにより、人間の成長における学びの基盤としての幼児教育の位置付けが一層明確にされている。

それぞれの項目をみていくと、①「知識及び技能の基礎」は学びの際に知識や物事をインプットする力、②「思考力、判断力、表現力等の基礎」がインプットをもとに思考や判断を経てアウトプットする力、③「学びに向かう力、人間性等」は意欲や関心をもって物事に向かったり周りの人とともに学んだりする、学びのプロセスにおいて必要な力と言い換えることもできる。環境を通して、また、「やってみたい！」と自ら取り組む遊びを通して、これらを一体的に育んでいくことが保育に求められているのである。

「幼児期の終わりまでに育ってほしい姿」とは、幼児教育から学校教育へとつながる育ちの流れのなかで、年長児から小学校にかけて（具体的には5

※3　幼児期から成人までにわたる追跡調査の成果から、幼少期の教育が非認知能力の発達を促し、のちの人生にも良い影響を与えるとする。ジェームズ・J・ヘックマン『幼児教育の経済学』などに詳しい。

※4　非認知能力
　非認知能力とは、人に考えを伝えたり、相手の意見を聞いたり、人と力を合わせて成し遂げたり、必要に応じて我慢をしたり、いろいろなことに意欲や興味をもったりなどの、学びに向かう力のこと。

※5　指針第1章第4、要領第1章第2、教育・保育要領第1章第13に明記されている。

歳児後半までに)「育っていてほしい」姿を、「育みたい資質・能力」の3つの力を踏まえつつ10項目に整理したものである。これにより、保育者と小学校の教員が5歳児後半の姿のイメージを共有し、育ちの連続性を意識しながら小学校教育との接続を一層強化していくことが期待される。

(3) 5領域のねらいと内容を通して育む

「育みたい資質・能力」「幼児期の終わりまでに育ってほしい姿」は、5領域のねらいと内容に基づく保育を通して育まれる。保育者が保育を行う際には、5領域のねらいと内容を通して一体的にこれらの姿を育てていくことを念頭に置いて保育を計画し、実践していく。その際、この「幼児期の終わりまでに育ってほしい姿」が到達目標ではないこと、子どもの育ちの評価は他の子どもとの比較や「できるようになったかどうか」ではなく、一人ひとりの個性や良さに着目して行うことに十分留意したい。

(4) 「幼児期の終わりまでに育ってほしい姿」のなかにみる言葉

「幼児期の終わりまでに育ってほしい姿」(表1-2)のなかで、特に言葉の育ちにかかわる項目をみていこう。

※6
指針第1章第4、要領第1章第2、教育・保育要領第1章第13に明記されている。

表1-2 「幼児期の終わりまでに育ってほしい姿」※6

①健康な体と心	⑥思考力の芽生え
②自立心	⑦自然との関わり・生命尊重
③協同性	⑧数量や図形、標識や文字などへの関心・感覚
④道徳性・規範意識の芽生え	⑨言葉による伝え合い
⑤社会生活との関わり	⑩豊かな感性と表現

⑧には、「遊びや生活の中で、数量他図形、標識や文字などに親しむ体験を重ねたり、標識や文字の役割に気付いたりし、自らの必要感に基づきこれらを活用し、興味や関心をもつようになる」とあり、文字や数字などを個別に取り出して教え込むことよりも、生活のなかで内実を伴った体験として子どもが自ら興味をもって文字や数、形や印などに触れる環境や活動を通して養われる姿を重要視していることがわかる。

さらに⑨には「先生や友達と心を通わせる中で、絵本や物語などに親しみながら、豊かな言葉や表現を身に付け、経験したことや考えたことなどを言葉で伝えたり、相手の話を注意して聞いたりし、言葉による伝え合いを楽しむようになる」とある。子どもは日常生活で交わされることばに加え、先生や友だちとともに絵本や物語を楽しむ経験からも、語彙を増やしたり面白い

表現を身につけたりしていく。園生活のなかで年長児までの育ちを見通し、さまざまな場面で身につけたことばを用いて思いを話したり聞いたりする場を作っていくことで、伝わる喜びやうまく言えないもどかしさなども経験しながら、言葉によるかかわりが育っていく。日頃のおしゃべりや遊びのなかでの相談、話し合いなどを通して、伝え合うことに対する前向きな気持ちを育てたい。

3 ── 領域「言葉」のねらいと内容

　領域「言葉」では「経験したことや考えたことなどを自分なりの言葉で表現し、相手の話す言葉を聞こうとする意欲や態度を育て、言葉に対する感覚や言葉で表現する力を養う」という観点から子どもの育ちをみる。「ねらい」とは「育みたい資質・能力を幼児の生活する姿から捉えたもの」、「内容」とは「ねらいを達成するために指導する事項」を示している。

　2017（平成29）年改定（訂）の指針、教育・保育要領では、乳児の保育と、1歳以上3歳未満児の保育についての記述の充実が図られた。ここで重要なのは、年齢別の記載とはなっているが「この子は○歳だから」と実際の年齢で当てはめたり、「1歳クラスに進級したから今日から5領域で」と分けて考えたりせず、子どもの発達の連続性に配慮し一人ひとりの育ちの姿と考え合わせていくことである。

(1) 乳児保育にかかわるねらいと内容※7

　指針および教育・保育要領においては、乳児（0歳児）のみ、保育の内容として5領域ではなく3つの視点から記述されている。これは、乳児の発達がまだ未分化であるため、5領域で分けるより実際の保育につながりやすいと考えられるためである。この3つの視点は5領域のそれぞれのねらいや内容とつながっているので、関連付けて理解する必要がある。図1-1にあるように「健やかにのびのびと育つ」は領域「健康」とほぼ重なり、「身近な人と気持ちが通じ合う」は領域「人間関係」「言葉」、「身近なものと関わり感性が育つ」は領域「環境」「表現」につながる視点である。

　領域「言葉」につながる「身近な人と気持ちが通じ合う」のねらいと内容は表1-3、4のとおりである。ことばを身につける前の段階として、「互いに気持ちが通じて嬉しい」「自分は大切にされている」というような、愛着関係を基盤とした基本的信頼感や自己肯定感を育む重要性が示されている。

※7　指針第2章1、教育・保育要領第2章第1。表中の「保育士等」は、教育・保育要領では「保育教諭」。

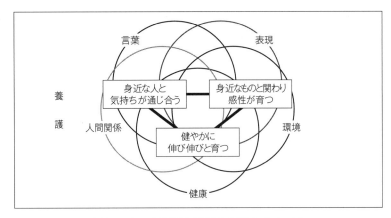

図1−1　0歳児の保育の内容のイメージ
出典：平成28年12月21日厚労省・社会保障審議会児童部会保育専門委員会「保育所保育指針の改訂に関する議論のとりまとめ」p.18　一部改変

表1−3　社会的発達に関する視点「身近な人と気持ちが通じ合う」のねらい

①安心できる関係の下で、身近な人と共に過ごす喜びを感じる。
②体の動きや表情、発声等により、保育士等と気持ちを通わせようとする。
③身近な人と親しみ、関わりを深め、愛情や信頼感が芽生える。

表1−4　社会的発達に関する視点「身近な人と気持ちが通じ合う」の内容

①子どもからの働きかけを踏まえた、応答的な触れ合いや言葉がけによって、欲求が満たされ、安定感をもって過ごす。
②体の動きや表情、発声、喃語等を優しく受け止めてもらい、保育士等とのやり取りを楽しむ。
③生活や遊びの中で、自分の身近な人の存在に気付き、親しみの気持ちを表す。
④保育士等による語りかけや歌いかけ、発声や喃語等への応答を通じて、言葉の理解や発語の意欲が育つ。
⑤温かく、受容的な関わりを通じて、自分を肯定する気持ちが芽生える。

※8
指針第2章2、教育・保育要領第2章第2。教育・保育要領では「満1歳以上満3歳未満の園児の保育に関するねらい及び内容」。表中の「保育士等」は、教育・保育要領では「保育教諭」。

(2)　1歳以上3歳未満児の保育にかかわるねらいと内容[※8]

　1歳以上3歳未満児の特徴としては、基本的な運動機能（歩く、走る、跳ぶなど）が整い、行動範囲が広がる。また、排泄の自立や、食事、着替えなど、保育者の援助を受けながら自分でできることを増やしていく時期でもある。しかし、自分でやりたい気持ちがあってもできなかったり、できるようになったことでも大人にやってほしい気持ちになることもある。ことばの面でも大きく成長する時期である。はっきり発音できる音が増えてきて、生活に必要な語彙も日々身につけていく。周りの友だちのことも興味をもってよく見ている。保育者は、子どもにとって園生活が安心できるものであるよう

第1章●保育内容「言葉」とはどのようなものか

表1-5　1歳以上3歳未満児の保育にかかわる領域「言葉」のねらい

①言葉遊びや言葉で表現する楽しさを感じる。
②人の言葉や話などを聞き、自分でも思ったことを伝えようとする。
③絵本や物語等に親しむとともに、言葉のやり取りを通じて身近な人と気持ちを通わせる。

表1-6　1歳以上3歳未満児の保育にかかわる領域「言葉」の内容

①保育士等の応答的な関わりや話しかけにより、自ら言葉を使おうとする。
②生活に必要な簡単な言葉に気付き、聞き分ける。
③親しみをもって日常の挨拶に応じる。
④絵本や紙芝居を楽しみ、簡単な言葉を繰り返したり、模倣をしたりして遊ぶ。
⑤保育士等とごっこ遊びをする中で、言葉のやり取りを楽しむ。
⑥保育士等を仲立ちとして、生活や遊びの中で友達との言葉のやり取りを楽しむ。
⑦保育士等や友達の言葉や話に興味や関心をもって、聞いたり、話したりする。

心を配りながら、「自分で」という気持ちを尊重し、温かく子どもを受け止め応答的にかかわることが大切である。

　ことばに関して、表1-5の①～③にあるように、ことば遊びや絵本などの児童文化財を楽しんだり、それらを介して人と気持ちを通わせたりすることや、話を聞いたり、身につけつつあることばを用いて伝えようとしたりする姿勢をもつことがねらいとされている。これらのねらいを達成するため、生活や遊びのなかで保育者や友だちとやり取りをしながら、挨拶や簡単なことばの繰り返しや模倣をともに楽しむことを通して、ことばを介したかかわりを楽しいと感じ、話したり聞いたりすることへの意欲がもてるようにしていく。その際には、表1-6の⑥にあるように保育者が互いのことばを代弁したりして、「自分の気持ちがことばで伝わった」という経験が得られるようにしていくことも必要である。

(3)　3歳以上児のねらいと内容[※9]

※9
指針第2章3　エ、要領第2章、教育・保育要領第2章第3。

　3歳児になると1クラスの人数も多くなり、また幼稚園や認定こども園ではそれ以前に集団生活を経験していた子どもに、初めて家庭以外の集団生活に参加する子どもが加わるなど、子どもにとっても社会が広がる時期である。そんななかでも、子どもは保育者と一対一の気持ちのつながりを求めている。3歳ごろになると、直接的なスキンシップでなくても、ことばで子どもを受け止めてやることで、子どもは認められたと感じ、保育者との信頼関係を育てることができるようになってくる。そのような保育者との関係を園生活における心の拠り所として、いろいろなことに興味をもって意欲的にやってみ

たり、自分のことは自分でやろうと取り組んだりする。また、自分が経験したことや感じたことを十分に受け止めて聞いてもらうことにより、人の話も聞こうとする姿勢が育つ。これらは先に述べた「育みたい資質、能力」に、ことばの面からアプローチしていくことにつながる。

●ねらい
　3歳以上児の領域「言葉」のねらいの3つの項目をみていこう（表1－7）。

表1－7　領域「言葉」のねらい（3歳以上児）

①自分の気持ちを言葉で表現する楽しさを味わう。 ②人の言葉や話などをよく聞き、自分の経験したことや考えたことを話し、伝え合う喜びを味わう。 ③日常生活に必要な言葉が分かるようになるとともに、絵本や物語などに親しみ、言葉に対する感覚を豊かにし、保育士等や友達と心を通わせる。

　①は、子どもが話したいことをもち、それをことばで表現すること、そしてそれを楽しい経験として受け止めるようにしていくということである。そのためにも、思わず話したくなるような楽しいことや心の動くことにたくさん触れられる園生活であることが大切である。そして、子どもはまだ思ったことなどをうまく言い表せず、「あのね、えっとね…」とことばに詰まってしまったり、ことば足らずでよく伝わらなかったりすることもある。そんなときも、保育者の一生懸命聞こうとする姿勢が子どもに伝わるようにしていきたい。また、朝子どもが登園してきて口を開くなり「先生！僕ね、昨日ね…」と家であった出来事の報告をしてくるようなこともある。そんなとき、子どもにとって自分が「何かあったら話したい、信頼できる相手」になっているといえる。「まずおはよう、でしょ」などと形式的な正しさにこだわるのでなく、子どもの伝えたい気持ちを受け止め、ことばで表現する楽しさを感じられるようにしたい。

　②では、「人のことばを聞く」ことと「自分の考えや経験を話す」ことが並べられている。1歳児から3歳未満児の保育のねらいにも「思ったことを伝えようとする」という部分があるが、3歳以上児の保育のねらいでは、「人に伝える」「人の話も聞く」というやり取り、つまり双方向に「伝え合う」という部分が加わっている。人のことばを聞き、相手の気持ちや考えを理解しようとすることは学びの基礎としてもとても重要である。聞く姿勢はすぐに身につくものではないが、生活のさまざまな場面を捉えて、人の話を聞き理解しようとする場を作っていくことで経験を積み重ねていきたい。

人のことばを聞くことは語彙や言い回しを学ぶことにもつながる。聞いたことばを使ってみて、自分の思いにしっくりくるということもある。さまざまな言い方やことばが蓄積されてくると、話しながら相手の理解の度合いを推し量り、言い換えたり付け加えたりも徐々にできるようになる。そういった経験も、「伝え合う喜び」へとつながっていく。

③にある「言葉に対する感覚を豊かにし、」は平成29年の改訂で新たに加えられた文言である。ことばを理解することや、絵本や物語を介し身近な人と共感することに加えて、ことばそのものの美しさや面白さ、楽しさなども、絵本や物語に触れるなかで培っていくということである。ことばのもつリズムや響きを面白いと感じ、一人の子どもが何気なく口ずさみ始め、いつの間にか他の子どもも合わせて口にしている、ということがある。また、ごっこ遊びなどをしているときに、特に意味はないことばを合言葉のように交わして、イメージを共有し仲間意識を確かめ合うような場面もある。ことばのもつ面白さがコミュニケーションを豊かにし、かかわりをつなぐのである。保育者自身も、遊びのなかで子どもが発したことばや絵本のなかに出てきたことばに対してアンテナを張り、敏感に反応できるような豊かな感覚をもっていてほしい。

●内容

領域「言葉」の「内容」(表1-8)では、生活のなかで触れながら身につけていくことばについて、さらに「どんなことを」「どのように」という部分を具体的に記述している。

表1-8 領域「言葉」の内容（3歳以上児）

①保育士等や友達の言葉や話に興味をもち、親しみをもって聞いたり、話したりする。
②したり、見たり、聞いたり、感じたり、考えたりなどしたことを自分なりに言葉で表現する。
③したいこと、してほしいことを言葉で表現したり、分からないことを尋ねたりする。
④人の話を注意して聞き、相手に分かるように話す。
⑤生活の中で必要な言葉が分かり、使う。
⑥親しみをもって日常の挨拶をする。
⑦生活の中で言葉の楽しさや美しさに気付く。
⑧いろいろな体験を通じてイメージや言葉を豊かにする。
⑨絵本や物語などに親しみ、興味をもって聞き、想像をする楽しさを味わう。
⑩日常生活の中で、文字などで伝える楽しさを味わう。

例えば、表1-7のねらいの②の「経験したことや考えたこと」は「した

り、見たり、聞いたり、感じたり、考えたりしたこと」と言い換えられている。そして、これらを「自分なりに」表現する、とある。「自分なりに」という点に注目してほしい。先ほども述べたように、子どもの表現は完全ではなかったり、間違っていたりすることもある。それでも自分で考えて表現したことを周囲が受け止めることで、子どもがことばで表現する意欲の基盤ができていくのである。

　また、「話す」「聞く」「児童文化財に親しむ」といったことに加えて、文字などを介して伝える楽しさを味わうことにも触れられている。子どもは生活のなかで目にするマークや文字などに興味をもち、意味を知るようになる。例えば、持ち物にあるマークや文字が自分の名前を表すと気づき、同じ字をもつ友だちの名前を見つけて喜んだりする。ここから、読み書きへの興味が次第に広がっていく。保育者は、生活や遊びのなかで子どもが文字を使ってみたいと思ったときに充分応えられるよう、自由に書ける紙や筆記具などの環境を整えるとともに、一人ひとりの興味関心の有りようをよく掴んでいくようにしたい。

第2節 ● ことばを身につけるとはどういうことなのか

1 ── ことばの獲得にかかわる要素

　ことばがわかるようになり、話す、聞く、読む、書くなどが可能になるには、ただことばを覚えればいいというわけではない。体や心のさまざまな要素、部分が総合的に発達することで、日常において困らないようなことばの運用が可能になるのである。ことばの獲得にかかわる4つの主な要素をみていこう。

(1) 音の聞き分けと発話

　言語はそれぞれ固有の音（母音、子音）の組み合わせでできている。生後すぐの頃はどの音も聞き分けられるが、次第に母語に含まれる音以外の聞き分けは難しくなる[※10]。子どもは自分の周りで話されることばに含まれる音を聞いて、音を発するようになる。発声器官（声帯、口腔、鼻腔など）の発達に伴って、出せる音が増えていく。

※10
　乳児が音を聞き分けているかどうかは、脳の反応を測定する機械をつけて音を聞かせることでみることができる。その他にも、さまざまな実験方法が考案され、乳児のもつ高い能力が明らかになってきている。

(2) **語彙**

語彙の獲得には「知っていてわかる」段階と「自分で言える、使える」段階がある。

(3) **文法（語と語のつなぎ方の決まり）**

「まんま！」「まま！」などの一語文はその場の状況によって「ご飯をたべたい」「お母さん、来て」というように、文章としての意味をもっているので一語"文"と呼ぶが、動詞や助詞なども使えるようになるにつれ、「わんわんがいた」のように、文法に則った多語文になっていく。

(4) **語用（ことばの使い方）**

ことばで効果的に伝え合うには、状況や相手に合わせた話し方を理解する必要がある。子どもは、周りの大人の会話の様子を見ながら、状況ごとに異なる話し方を身につけ、初めて合う大人に丁寧語で話すようになる。また、直接的な言い方と遠回しな言い方の使い分けなどもできるようになっていく。

2 ── ことばの役割

自分がどんなときにことばを使っているのか考えてみるとおそらく最初に出てくるのが、人とのコミュニケーションにことばを用いるという答えだろう。しかし、人はそれ以外にも様々にことばを用いている。ことばの役割として大きく分けて3つがあげられる。

(1) **コミュニケーションの道具**

コミュニケーションには、言語によるものと言語を用いないものがある。乳児も人の顔を見つめる、表情を真似るなどの原初的なコミュニケーションを行っている。それらが養育者の養育行動を喚起し、笑いかけてあやしたり話しかけたりする応答的なかかわりが、ことばの獲得を促す。ことばを使えるようになる過程で、文脈への依存度の高い表現から、次第に文脈に依存しないことばの使い方もできるようになっていく。

(2) **思考の道具**

ことばを用いてものごとを概念化、抽象化したり推論したりすることで、人は考えることができる。子どもが一人で折り紙を折っているときなどに、「ココヲハンブンニオッテ、オテテデアイロンカケテ…」と独り言をつぶや

いていることがある。これは子どもが思考の道具として言葉を用いていることの表れである。ピアジェは、上の例の独り言のような、他者への伝達を目的としない子どものことばを「自己中心語」と名付けた。

ヴィゴツキーは、コミュニケーションの道具としてのことばを「外言（がいげん）」、思考の道具としてのことばを「内言（ないげん）」と名付け、人のことばは外言から内言へと発達するとしている。内言は、他者とのコミュニケーションを目的とした言葉ではないため、大人の場合は基本的には声に出して言うことはないが、内言が未熟な幼児期には、思考の過程を独り言として口にすることがある。それらはことばの発達に伴って次第に内面化され、小学校入学後に急速に減少していく。自己中心語は、その発達の途上に表れる不完全な内言だと考えることができる。

(3) 自分をコントロールする道具

子どもは、大人からの「叩いてはダメだよ」「並んで待つんだよ」などのことばがけで、望ましい行動や態度を学び、次第に言われなくても「〜〜しちゃだめ」「10秒待ったら代わってもらえる」など、自分で状況に合わせたことばを口にするようになる。これらは、ことばがもつ行動調整の機能である。子どもは言葉にすることで自らの行動を意識化し、調整できるようになる。

また、見て真似ようとしても再現できない動作について、ことばでの説明を受けて理解し、できるようになることもある。縄跳びを見て真似ようとするが、縄を回すと同時に跳んでしまうため、引っかかってしまう子どもが、「縄が下に来たら跳ぶんだよ」とことばで示されることで、タイミングを理解して跳べるようになることがあるのもその一例である。このように、体の動きを調整することにもことばは関わっている。

このように、ことばはコミュニケーションだけでなく、思考や行動などにも深く関連している。どの役割も、人が人とかかわり合いながら成長し生活していくために欠かせないものなのである。

●「第1章」学びの確認
①「ことばを使えるようになる」とはどういうことか、またそのためには何が必要か、話し合ってみよう。
②実習などで目にした子どもの姿やエピソードのなかから、領域「言葉」の「内容」の各項目に当てはまるものを書き出してみよう。
●発展的な学びへ
①自らが英語などの外国語を学んだときのことを思い出し、乳幼児期の言語獲得の様子と比較してみよう。
②自分の「話す、聞く、読む、書く」力の現状を振り返り、今後の課題を見つけてみよう。

引用・参考文献

1）ベネッセ教育総合研究所「幼児期から小学1年生の家庭教育調査速報版」2016年
2）ジェームズ・J・ヘックマン著　古草秀子訳『幼児教育の経済学』東洋経済新報社　2015年
3）L.S.ヴィゴツキー著　柴田義松訳『新訳版・思考と言語』新読書社　2001年
4）安川美杉『赤ちゃん―成長の不思議な道のり』日本放送出版協会　2007年

第2章 子どもの発達とことばはどのように関連しているか

◆キーポイント◆

「言葉」は、保育所保育指針および幼稚園教育要領、幼保連携型認定こども園教育・保育要領における5つの領域のうちの1つであり、子どもの発達や育ちを考える場合、これら5つの領域それぞれに観点をしぼって考え、計画を立案することが必要とされる。しかし、子どもの発達は5領域それぞれが独立した形で展開するわけではなく、相互に関連し、相互作用が働く形で進む。

この章では、ことばの発達がほかの領域の発達とどのような関係にあるかについて考えることを通して、保育者として子どもの発達を総合的に理解するとともに、領域間の関連を考慮した指導計画の立案や実践の際の視点を身につける。

第1節 ● 身体の発達とことば

1 ── 子どもの成長と運動

子どもが成長にしたがってできるようになる運動には、生まれたときからできるものや他者がするのを見て真似てできるようになるものだけでなく、ことばを通して理解することでできるようになるものもある。

例えば、「握る」という運動について言えば、親指から小指までを同時に同じぐらいの力で内側に曲げようと思わなくても、大体のものは握ることができる。これは、把握反射と呼ばれる原始反射を司る神経系の仕組みがあるからである。生まれたばかりの子どもでも物を握ることはできるが、そのときはまだ自分に手があるということを知らない。3・4か月になった乳児が、自分の手を目の前にかざして眺めたり口に入れたりして遊んでいる様子がよくみられるが、このように自分には手があるということに気づくよりも前から、「握る」という運動はできるようになっている。「歩く」という運動も同様に、右足を出して次に左足を出してというようにいちいち考えているわけではない。歩行反射と呼ばれる原始反射の仕組みがあり、それを土台にして、他者の様子を見て真似て何度も試すという学習が積み重なって歩けるようになるのである。

2 ── 運動で必要とされることばの役割

　子どもが他者の姿勢や運動を真似て自分の体を動かす能力は、かなり小さなときから備わっていることが知られている。例えば、生後2・3か月の子どもと目を合わせながら大人が舌を出すと、子どもはそれを見て同じように舌を出す。その年齢の子どもは、自分には舌があり、口を開けて舌に力を入れれば相手と同じように舌を口の外に出すことができるという知識はないし、そのように意識して行っているのではない。

　しかし、少し複雑な運動になると、事情が違ってくる。例えば、「ギャロップ[※1]」という運動は、歩くことの延長線上に自然にできるような運動ではない。誰かがしているのを見て、真似るということが必要となる。さらに「スキップ」になると、ただ見ただけではなかなか真似ができない子どもが多くなる。意識的に身体部位を動かしたり、また動かすのを控えたりという、頭のなかでの段取りが必要になってくる。

　縄跳びをしようとする場合もこのような姿が見られる。

※1　ギャロップ
　保育のなかでのリズム・ダンスなどで用いるステップ。スキップのように地面を蹴って進むが、左右の足を交互に入れ替えず、どちらかの足を前にしたまま進む。横向きで進んだり、数歩進んだところで左右の足を入れ替えたりすることもある。

> **事例1：4歳児　あや**
>
> 　あやは友だちが縄跳びをしているのを見て、自分でもやりたくなり、縄を持ってきて跳ぼうとする。しかし、縄を体の後ろから前に振り上げるのと同時に跳び上がるため、縄が目の前に落ちてきたときには自分の足はすでに着地してしまい、何度やっても縄を跳びこすことができない。友だちが「こうして跳ぶんだよ」と何度もやって見せてくれるが、相変わらず同じようになってしまう。
> 　その様子を見ていた保育者が近づき、あやに声をかける。「縄を回してからジャンプするんだよ。一緒にジャンプしちゃ跳べないんだよ。先生が言ってあげるから、それに合わせてやってみて。さあ、回してー。ジャンプ！あーおしい。もう1回。さあ、回してー。ジャンプ！…」
> 　何度か繰り返すうちに、あやはやっと1回跳ぶことができた。嬉しかったのか、その後も一生懸命、1回ずつ縄を跳び続ける。

　このような様子をみると、この子はまだ縄跳びが「できない」のだと判断しがちだが、これは「できない」というよりは「わからない」に近い。動作の順序やタイミングという概念が理解できていないのだ。このケースで保育者が行ったように、「縄を回す」と「跳ぶ」という行動を別々に意識することを促したり、ことばでタイミングを計ったりすることなどを通して、体や運動を意識的にコントロールする力の育ちがうながされる。

3 ── 概念的な理解をうながすことば

　子どもの運動能力の発達をみていると、何かができない原因として、筋力がまだついていないことや神経系による知覚や運動の制御が未発達であることのほかに、このような概念的な理解ができていないことがあげられる。このような場合、どうしたらよいかをことばで伝えるということが有効になる。

　筋力や知覚、運動の制御、ことばによる概念理解などは、個々の幼児によってその発達にばらつきがあるため、必ずしもすべての幼児にとってことばで伝えることが有効ではないが、それらは並行して発達を遂げていくものであり、また相互に関連していくものでもある。保育を進める上で必要なのは、個々の幼児がどのような側面の発達が進んでおり、またどのような援助が必要なのかを的確に判断することである。

> **事例2：4歳児　まさと**
>
> 　朝の園庭での自由活動の際、あやこが保育者のところへ走り寄り、「まさと君が大変！」と言う。保育者があやこに連れられて園庭の隅の木のところへ行くと、まさとが地面から2メートルぐらいの高さのところにしがみつき、泣いている。登ろうとしている途中で、身動きがとれなくなってしまったようだ。両手はしっかりと枝をつかんでいるが、片足が宙ぶらりとなっており、もう一方も枝に触れてはいるが体重がかけられないような位置にある。宙に浮いている足のそばにはしっかりした枝があるが、その枝の位置はまさとからは幹の陰になって見えない。
> 　保育者は、「大丈夫だからしっかりつかまっていてね」と声をかけ、まさとの尻を片手で支え、宙に浮いているほうの足に触れ、「こっちの足を前のほうに動かしてごらん」と言うと、まさとは見えていなかった木の枝に足をかけた。落ち着きを取り戻したまさとは、保育者のほうを向く。保育者が「自分で降りられる？」と聞くと、「大丈夫」と言って下を見ながら足がかりを確保し、降りてきた。

　木に登るという運動は、足がかりが豊富にあれば、2・3歳の幼児でもできることがある。握るという動作ができ、上に進むことができるだけの力があれば、たまたま触れた枝や凹凸を利用することができるからだ。そのため、上に登ったはいいが、降りられなくなって助けを呼ぶことになるケースがよくみられる。まだ、どこにつかまってどこを足がかりにして進めばよいかを考えることが難しいからだ。

　この年齢域の子どもが、遊びながら「これをこうしてこうやって…」と、自分の動作をことばにする様子がよく見られる。ことばによって運動をあらわすと同時に、これによって、運動を感覚的にというだけでなく知的に把握することができるようになっていき、またそのことによって複雑な運動やそれらが組み合わされた運動でもできるようになっていく。スポーツの指導が、

指導者によって手本を見せるだけでなく、ことばを通して行われるのは、そのためである。

2・3歳の子どもが木から降りられなくなったケースでは、先の事例のような対応は難しく、抱き上げて降ろすしかないだろう。しかし、ことばによる運動のコント

ロールができるようになった子どもに、同じ対応をするのでは、積極的に登る意欲や安全に登るためにしっかり考える力を伸ばすことはできない。

第2節 ● 人間関係の発達とことば

1 ── 人間関係を形成するということば

幼稚園や保育所で子どもが人間関係をつくる最初の相手は、多くの場合は保育者であろう。しかし、そもそも人間関係をつくるというのは、どのようなことなのだろうか。

人と人とがかかわり合い人間関係ができていくというのは、そこに何らかの気持ちや意志の交換が行われるということである。子どもが初めて幼稚園に登園したときに感じる気持ちは、「面白そうだな」であったり、「ママと離れるのがいやだ」であったりする。保育者がかかわろうとしても、それらの気持ちはただ単に子どもの心のなかにあるだけである。しかし、保育者が子どもの表情や態度からその子の気持ちを理解し、「ママと離れるのいやなの？」と問いかけ、子どもの側も理解されたことに気づくと、その気持ちはただ単に子どもの心のなかにあるだけのものではなくなり、子どもと保育者の双方が共有するものになる。これが気持ちや意志の交換であり、人間関係の形成の第一歩である。

2 ── 人間関係におけることばの意義

子どもが泣いている理由は、「ママと離れるのがいや」なのではなく、「1人になるのがいや」なのかもしれないし、「こわい人がいる」のかもしれな

い。しかし、「ママと離れるのがいやなの?」という問いかけを聞いて、子どもが理解されたと感じたとしたら、そのことには大きな意味がある。

　第1に、子どもにとって、泣くということでしかあらわすことができなかった気持ちが、「ママと離れるのがいや」ということばにすることができることを理解し、またそのことばによって自分の気持ちを自分で理解できるようになる。人は大人でも子どもでも、自分の感情の動きをそれほど正確に把握しているわけではない。気持ちがもやもやしたりことばにならない悩みを抱えたりといったことが起こるのは、そのためである。自分で自分の感情の動きがどのようなものであるかを理解できないとき、人は不安を感じ、精神的に安定できない。大人でも悩み事があるときに、友人に「本当は○○なんじゃないの?」などと、自分が使っていなかったことばで気持ちをことばにしてもらうことでスッキリすることがある。それは、気持ちという自分の目にも見えないものを、ことばを通して形にし、とらえやすくできるからである。

　子どもの場合も同様に、自分のなかの不安な気持ちが「ママと離れるのがいや」というものなのだということを理解したり確認したりすることによって、興奮して泣くだけでなく、この気持ちを解消するためにはどうしたらよいかを考えることができるようになる。つまり、感情の動きはことばと結びつくことによって、理解したりコントロールしたりできる対象となるのだ。

　第2に、保育者に自分の気持ちを理解されたことに気づくと、子どもは理解されたことによる安心感を感じるとともに、理解してほしいという期待を感じるようになる。子どもの気持ちをわかっていても声をかけない保育者がいたとすれば、子どもは安心感も感じなければ、期待もしない。相手に期待をもってかかわり、かかわることによって安心感が生まれるというサイクルが生じることが、人間関係や信頼関係ができるということの中身である。つまり、保育者が子どもの気持ちを理解してことばをかけるということは、子どもの潜在的な期待に応えることによって期待する気持ちを引き出し、期待をもってかかわるという相互関係の基礎をつくることにつながるのだ。

　第3に、「ママと離れるのがいや」という気持ちをことばにすることは、自分の気持ちを理解することに役立つだけでなく、自分の気持ちを相手に伝えるときに役立つ。再び同じ気持ちになったとき、それをわかってほしい相手がいれば、そのことばを使うことによって自分から伝えることができるようになるのである。ことばを覚えるということは、機械的に暗記をすることだけではなく、このような期待をもってかかわる人間関係を通して、その関係をより深くしていく過程で自然に身につけていくことである。

　人間関係ができるというのは、目に見えないものを交換したということで

ある。気持ちや意思をことばにして伝えるというのは、目に見えることばというものを使って、目に見えないつながりをつくるということになる。そして、その目に見えないつながりに信頼感を感じることが、人間関係が成熟するということである。

第3節 ● 環境とのかかわりとことば

1 ── 感覚運動期からことばを通じた身の周りの環境の理解へ

　子どもは自分が住む世界や身の周りの環境というものがどのようなものかについて、ほとんど何も知らない状態で生まれてくる。しかし、さまざまな形での探索活動により、次第に身の周りの環境について理解できるようになる。

　子どもにとって、まず最初に探索活動の対象になるのは、自分の体である。3か月前後の乳児が一生懸命自分の手を目の前で動かしたり眺めたりしている姿がよく観察され、またそれ以降では手足をなめたり吸ったりかじったりする姿がよく見られる。乳児は、最初はそれが自分の体の一部であることがまだ理解できていないため、手を動かしてどこかにぶつけてしまったり指を強く噛んでしまったりして痛い思いをすることがよくある。しかし、そのような経験を積むことにより、次第に自分の体について理解するようになる。この時期を感覚運動期と呼んでいる。2歳になるぐらいまでの時期は、このように体の運動とそこから得られる感覚によって身の周りの環境について学習する。

　1歳半ぐらいになると、ことばを通して身の周りの環境を知り、また理解するようになってくる。例えば、物にはすべて名前があることを理解するようになるし、また物にはその性質やおかれた状態があり、それらもことばであらわすことができることを理解するようになる。物が「あった」「ない」とか、人が「行った」「来た」、物の「大きい」「小さい」などのことばを覚えるようになるが、それらのことばとそれに伴う概念を理解することによって、身の周りの環境への理解が進んでいく。

事例3：2歳児　まさと

まさとは直方体の赤い積み木を手に持ち、床を滑らせながら遊んでいる。
まさと　「ブーン。」
保育者　「あ、まさと君、自動車なの、かっこいいね。」
まさと　「うん。ブーン。」

　「ブーン」ということばがなければ、ただ積木を持って前後に動かしているようにしか見えない。しかし、このことばがあることによって、周りの目からも積木が本来の用途ではなく自動車として使われていることが理解できる。そしてさらに、まさとが抱く自動車という物のイメージと積み木の形状や色に共通性があり、そのことがこの遊びにつながったということがわかる。

　このように、物や環境とのかかわりは、そのものとのかかわりから得られる感覚で終わるのではなく、そのものをどう認識するか、またそこからどのようなイメージを想起するかということを経由し、ことばによる表現につながる。このように、象徴機能の発達と言語の発達がからみあうことで、物の特徴や共通点、相違点等についての理解が進んでいくことになる。

　ここでさらに、逆の動きも生じてくる。ことばというものは、イメージを想起させたり物事の理解を助けたりする働きがある。私たちが小説を読む際に、その場面を思い浮かべるのは前者の働きである。また、「夜」ということばと概念があることによって、夜の暗さと閉め切った部屋のなかの暗さの意味の違いが理解できるが、これなどはことばのもつ後者の働きである。このように、ことばからイメージが想起され、それが物の認識を新たにするというサイクルが成り立つことにより、環境への理解が深まっていく。

2 ── 内言による論理的思考の発達

事例4：3歳児　けいすけ

　登園すると保育室の端の汽車積木のところへ行き、線路をつなげはじめる。手を動かしながら、「これをここに付けて、こうしてこうやって…」と、独り言を言いながら作業を進めている。線路ができあがると、汽車を線路にのせて手で押して走らせはじめる。しばらくすると、両手に汽車を持ち、左右両方向から汽車を走らせ、2台が近付いてくると「アー」と声をだし、ぶつかると「バーン」と言って自分も寝転がって倒れる。起き上がってはまた汽車をぶつけるという遊びを、しばらく繰り返す。

　子どもが1人で遊んでいるのを見ていると、自分がしていることや玩具の動きを実況解説しているような場面に出会うことがある。このような「独り

言」は、主に2〜8歳の時期の1人遊びの場面でみられるが、集団での遊びを盛んにするようになると、次第に少なくなっていき、小学校中学年ごろにはほとんどみられなくなる。

　人は頭のなかでものを考えるときにことばを用いるが、生まれたときからそのようなことができるわけではない。感覚運動的な遊びを十分にすることを通して、自分の体の動きをコントロールできるようになってくると、さらに複雑な動きが必要な遊びにも興味をもつようになる。手足や道具を使う順番やタイミング、微妙な位置関係などをコントロールするためには、運動の段取りや調整といった思考過程が必要になってくるのである。ここにことばが関係し、ことばで表現することを通して運動の段取りや調整を意識的に行う。ここで用いられることばは、人に何かを伝えるためのことばとは異なり、内言と呼ばれ、言語を用いた論理的思考の発達につながるものといわれている（第1章参照）。

　「独り言」のなかには、子どもが課題解決中に、その解決につながるような方法を試み、あるいは考えたりしているときに、それを表現したものが多くみられるが、それらは子どもが困難な状況に直面した際に多くみられ、また課題の困難さが増した時に増加することが指摘されている。

　このように、物や環境とのかかわりとことばの発達は相互に絡み合い、認知や思考の発達の基盤となっているということができる。

第4節 ● 表現能力の発達とことば

1 —— 伝えたり表現したりすることへの興味・関心

事例5：4歳児　ゆう　かすみ

　保育室の一角に、廃材を用いた製作のコーナーが設けられており、そこには空箱やプラスチックカップのほかに、色画用紙の端切れや色紙、色鉛筆、ハサミ、のりなどが置いてある。ゆうは色画用紙の端切れから葉書大のものを見つけると、色鉛筆を用いて何かを描きはじめた。そして、女の子とネコの絵を描くと、空いているところへ「あああああああゆう」と書いた。
　ゆうはかすみのところへ書いたものをもっていくと、これあげると言って渡している。
　しばらくするとかすみは、保育者のところへもらった紙を持ってきて、「なんて書いてあるの？」と聞く。保育者は最後に書いてある「ゆう」はわかったが、「あああああああ」の意味がわからなかったため、「これ、ゆうちゃんにもらったの？」と確認し、「ゆうちゃんに聞いてみようか」と提案する。
　かすみと保育者が話していることに気づいたゆうは、2人の話しが遠くから聞こえたようで、「読んであげる」と言ってかすみに近づく。そして、「"あそびにきてね"って書いてあるんだよ」と言った。

　5歳児ぐらいになると、保育室では子どもたちが手紙ごっこをする姿がよく見られる。幼稚園や保育所によっては、保育者が配達係になったりポストを設けたりといったことも行われ、また子どもたちにとっても人気の遊びである。このような遊びにつながる環境を設定するのは、文字や友だちに何かを伝えることに興味をもってほしいという教育目的があってのものであるが、このような意図を保育者がもつ以前から、子どもたちは文字や友だちに何かを伝えたり表現したりすることに興味をもち、遊びのなかでそれを行っている様子が見られる。
　特に3・4歳で見られるのは、絵手紙ごっことも呼ばれる、絵を描いてそれを友だちにあげるというかかわりである。自分が描いたものを他者にあげるというのは、他者から物をもらう嬉しさだけでなく、あげることの嬉しさを感じはじめた子どもたちにとっては、そのようなかかわりを楽しむ恰好の遊びになる。このような活動は、家庭生活のなかで親の様子を見ているためか、手紙ごっこにつながりやすい。先にあげた事例も、このような活動の1つであり、文字に興味をもつ機会の1つとなっている。また、手紙以外でも、お店屋さんごっこの看板やメニュー、新聞をつくったりするなかで、文字に

図2－1　3歳女児が書いた手紙の文字と子どもの話を聞いて母親が書いた説明

対する興味を膨らませることがよくある。

　大人が文字を教える以前に文字に興味をもった子どもたちが、独特の文字を書くことが知られている。それは、「〰〰〰〰〰〰」や「、、、、、、、」であったり、「〆〆〆〆」や「×××」など、非習慣的文字[1]と呼ばれ、子どもたちが「文字」という意味で用いる記号と考えられる。先の事例の「ああああああ」も、家で習いはじめた文字の50音の最初の文字を用いたもので、このような使い方をする時期の子どもは、文字の一つひとつに異なる「音」があり、また配列によって意味が生じるということまでは理解していない。しかし、1つの文字に1つの「音」があるということについては、比較的早い時期に理解するらしく、先の事例のように、「あそびにきてね」と同じ文字数で「ああああああ」と書くようなケースが見られる。

2 ── 遊びのなかで文字を楽しむ

　子どもたちにいつ頃から文字を教えるかということが話題になることがあるが、幼稚園や保育所の保育の目的は、「経験したことや考えたことなどを自分なりの言葉で表現し、相手の話す言葉を聞こうとする意欲や態度を育て、言葉に対する感覚や言葉で表現する力を養う[2][3]」ことであって、文字そのものを教えることではない。文字を教えようとすることによって、かえってこれらの目的が達成できず、幼児期の子どもにとって必要な育ちにつながらないケースも見られる。もし子どもたちに文字を教えるとしても、お手紙ごっ

こやお店屋さんごっこなどの活動のなかで、子どもたちがより正確に表現したり伝達したりしたいと要求し始めてから必要な部分だけを教えたとしても、決して遅くはない。

● 「第2章」学びの確認
　保育所保育指針、幼稚園教育要領、幼保連携型認定こども園教育・保育要領の保育内容の5領域の「健康」「環境」「人間関係」「言葉」「表現」について、「言葉」とかの領域のそれぞれがどのように関連しているかについて、要点をまとめてみよう。

● 発展的な学びへ
　実習で作成した指導計画（案）の、保育者（実習生）の援助の欄のことばかけの部分を確認し、対象年齢が違ったらどのようにことばかけを変える必要があるか考えてみよう。また、それはどのような発達の違いからくるのかを議論してみよう。

引用・参考文献

1）加藤泰彦／コンスタンス・カミイ『ピアジェの構成論による幼児の読み書き』チャイルド社　1997年
2）厚生労働省『保育所保育指針』フレーベル館　2017年
3）文部科学省『幼稚園教育要領』フレーベル館　2017年
4）内閣府・文部科学省・厚生労働省『幼保連携型認定こども園教育・保育要領』フレーベル館　2017年

第3章 子どものことばの発達

◆キーポイント◆

子どもは、周囲の大人や子ども同士のかかわりのなかで言葉を獲得していく。子どもがいつ頃どのようにして言葉を獲得していくのか、また、言語能力を発達させていくためにどのような能力が必要なのかを理解することは、個々の子どもの発達に合ったかかわりを考えるうえで非常に重要になる。

本章では、おおよその年齢とともに言葉の発達過程を概観していく。また、言葉の発達過程をふまえ、それぞれの時期における保育者としてのかかわりについて考えていく。ただし年齢や月齢はひとつの目安であり、個人差や性差が発達の速度やタイミングに影響を与えることには留意する必要がある。

第1節 ● 胎生期[※1]・新生児期[※2]

1 ── 発達の様子

(1) 聴覚の発達:いつから聴覚が働きはじめるか？

子どもは周囲の大人の会話を聞き、自分に向けられる言葉を聞き、そうして自らの言葉を育んでいく。周囲の音を聞き取る聴覚が働くことが、言葉の発達においてまず重要になる。

聴覚は、母親の胎内にいるときから発達し始める。胎児[※3]は、受精後4か月頃から耳が聞こえ始める[1]。しかし、母体の外の音がつつぬけに聞こえているかというと、それほどではない。なぜかというと、胎児は子宮のなかで羊水という液体にプカプカと浮かんだ状態で過ごしているからだ。私たちがプールのなかに頭まで身を沈めた状態でいると、外の音が聞こえづらくなるのとちょうど同じで、胎児にも母体の外の音が聞こえづらい状態になっているといえる。

働き始めた聴覚で胎児は2種類の音を聞いているといわれている[1]。1つめは、母体そのものが出す音である。母親の体をめぐる血流音や、心臓のドキドキと鳴る音がこれにあたる。2つめは、母親自身の声である。母親の声は母親の体を伝わって直接子宮まで届く。胎児は母体が出す音と母親自身の

※1 胎生期
受精から出生までの時期のこと(森上史朗・柏女霊峰編『保育用語辞典』ミネルヴァ書房 2013年)。

※2 新生児期
出生より4週間を特に新生児期と呼ぶ(※1に出典同じ)。

※3 胎児
受精後2か月から出生までの時期の子どものこと(※1に出典同じ)。

声を聴いていて子宮のなかで発育していくのである。

(2) 母体内で聞いてきた音声を覚えているか？

胎児の頃に聞いてきた音は、出生後忘れ去られてしまうのだろうか。母親の声を覚えているのかを確認するために、生まれたばかりの乳児（新生児[※4]）に母親の声と母親以外の女性の声を聴かせたところ、これらを区別して反応することが示されている[1]。このことから、乳児は胎児の頃に聞いた音声を出生後もきちんと覚えて認識しつづけることがわかる。また、母体内で聞いていたもうひとつの音声である血流音や心臓音に対しても、出生後しばらくの間は覚えていて反応を示す。乳児はビニールを握ったりこすったりしたときに鳴るカシャカシャという音を好むが、その理由として、科学的に証明されているわけではないが、母体内で聞いていた血流音に似ていて懐かしさを感じるからではないかという推測もされている。

胎生期から聴覚は働き始めており、さらにただ単にぼんやりと音声を聞いているだけではなく、出生後にもそれらの音声を認識できるほどに敏感に耳を澄ましているのだということがわかる。

(3) 生まれたばかりの赤ちゃんは非力な存在か？

生まれたばかりの乳児の様子を見ていると、ただ寝ているだけの非力な存在に思えるかもしれない。しかし、乳児は言葉を発しなくても、言葉以外の方法を用いて周囲の大人とコミュニケーションをとろうとしている。

まず、乳児の視力に秘密が隠れている。乳児の視力は0.02程度であり、ちょうどよく見える距離は20〜30センチ程度離れたところである[2]。乳児が母親に抱っこされると、ちょうど母親の顔に焦点が当たる程度の視力である。このことは、母親が乳児を授乳のために抱くとき、乳児が自分の顔をのぞき込むようにじっと見つめてくるように感じさせ、「自分に無言で話しかけてくる」という実感を与えるらしい[3]。そのようにじっと見つめられることで、母親はわが子を守らなくてはならない愛おしい存在であると感じるようになっていくのである。

また、乳児には人の顔を好んで注視するという特徴がある。ファンツ[4]の研究より、乳児にさまざまな模様を見せてみたところ、どのような模様よりも際立って人の顔の模様を長い時間じっと見つめるということがわかっている（図3-1）。ベビーベッドのそばを通った大人が寝ている乳児を何気なくのぞくと、乳児はその大人の顔をじっと興味深そうに見つめるのだ。自分の顔をじっと見つめられていることに気づいた大人は、何か訴えているので

※4 新生児
　新生児期の子どものこと（※1に出典同じ）。

20〜30センチがちょうどよく見える距離

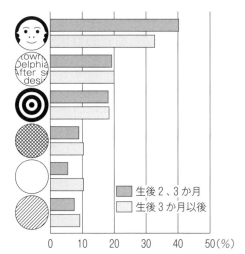

図3-1　さまざまな模様とそれに対する注視時
出典：Fantz, R. L.(1961)　The origin of form perception.Scientific American, 202, pp.64-71

はないかと感じ、世話をしたりしたくなってくる。

このようにまだ言葉を発さない乳児でも、さまざまな能力を発揮して周囲の大人からの働きかけを誘発し、コミュニケーションを導いている。

2 ── 保育者のかかわり

(1) 非言語的コミュニケーション[※5]の重要性

まだ発声すらままならない乳児でも、周囲の大人と非言語的なコミュニケーションをとろうとしている。保育者として乳児のそのような特徴を十分理解し、まだ言葉にはならない気持ちを受け止めていこうとする姿勢が大切になる。例えば表情や声の調子などをよく見て聞いて、乳児がどのような気分にいるのかを感じ取っていくことが大切になるだろう。

また、保育者自身の表情も重要なコミュニケーションツールとなる。まだ言葉を十分に理解しない乳児だからこそ、大人がしっかりと顔と表情を見せ、そのときの気持ちを表して伝えていく必要がある。

オムツ替えや授乳などのお世話をする際に「すっきりして気持ちいいね」「おいしい？」といった言葉をかけていくことも重要である。こうしたかかわりは情緒的な側面において快い感覚を与え、また、子どもが言葉を発達させていくことにもつながる。乳児が自分自身の体験と言葉を徐々に関連づけていくことができるよう、大人がたくさんの言葉をかけていくことが大切である。

※5　非言語的コミュニケーション
　言葉以外の方法を用いてコミュニケーションをとること。例えば表情や身ぶりや声の調子などからもさまざまなことが伝わる。

(2) 音声環境の重要性：どのような環境が望ましいか？

　赤ちゃんは胎生期から聴覚が発達し始め、周囲の音声に耳を澄ましている。生後4か月の頃になると、母親の声から母親の情動状態[※6]を読み取って、同じような情動状態を示すようになるということもわかっている。敏感に聴覚を働かせている乳児にとって、騒音に囲まれた保育室は良い影響を与えるものとは言えないだろう。できる限り静かで落ち着いた状態で保育できるよう、環境を整える必要がある。

※6　情動状態
　嬉しい・悲しい・怖いといった感情と、それに伴って起こる生理的変化（身体が熱くなる）や表出的変化（顔の表情や声の調子など）のこと（遠藤利彦「情動とは何か」遠藤利彦・石井佑可子・佐久間路子編『よくわかる情動発達』ミネルヴァ書房　2014年　pp.2-31）。例えば、母親が喜んでいるのか怒っているのか、等を読み取れるようになる。

第2節　● 乳児期

1 ── 発達の様子

(1) 発声行動の変化

　乳児は生後1～2年かけて少しずつ大人にとって意味のわかる言葉を話すようになっていく。そして就学まで（就学後も）言葉を発達させていく。表3-1は胎生期から就学までの言葉の発達過程を概観したものである。

　誕生後すぐには生理的な音（げっぷ等）を発するが、生後8週目頃から「アー」とか「クー」といった「クーイング」と呼ばれる発声が始まるようになる。この声は、赤ちゃんの気分が良好な状態の時に発せられる。生後4か月の頃になると「喃語(なんご)」と呼ばれる、母音と子音から構成された「マー」「バー」といった発声が始まるようになる。さらに生後6か月を過ぎた頃には、「マ、マ、マ、マ」「バ、バ、バ、バ」と同じ音を繰り返し発声する「重複喃語」と呼ばれる発声を行うようになる。

　生後8か月頃になると、母語のイントネーションにそっくりな「ジャーゴン」と呼ばれる発声をするようになる。日本であるなら日本語そっくりの声を発するようになる。まだ発話意図などは不明確だが、大人が何気なく聞いているとまるで赤ちゃんがおしゃべりをしているかのように感じ取れることも多い。乳児は大人の言葉に必要な音を徐々に発声することができるようになっていく。

　そして、生後12か月、つまり、1歳の誕生日を迎える頃に、初めて意味がわかる言葉（初語[※7]）を話すようになる。例えば、ママを見て「ママ」、離乳食が準備されたのを見て「マンマ」といった語を発するようになるのだ。

※7
　どのような初語を話すのかは子どもによって異なる。初語として発話されやすい語として、「まんま」「ママ」「ないないばぁ」「はーい（お返事）」等がある[9]。

表3-1　標準的な言語発達の過程

区分	年月	子どもの言葉	特徴
胎生期	受精後4か月	聴覚の発達	母親の声・母体が出す音が聞こえている。
乳児期	出生直後	生理的な音（げっぷ等）	
	生後8週目～	クーイング	「クー」「アー」といった発声。気分のよいときに発する。
	生後4か月頃～	喃語	子音と母音の組み合わせ：「マー」「バー」
	生後6か月頃～	重複喃語	同じ音を繰り返し発声：「マンマンマンマン」「バ、バ、バ、バ」
	生後8か月頃～	ジャーゴン	イントネーションやリズムが母語そっくりになる。発話意図はまだ不明確。
	生後12か月頃	初語	初めての意味がわかる言葉（有意味語）。同じ状況に特定の音を結びつけて発するようになる。
	1歳初期	一語文	同じ一語でも時と場合によってさまざまな意味をもつ。
	1歳3か月～6か月頃	二語文	2つの語をつなげて話す。はじめは2つの語の間に短い休止が入るが、徐々に滑らかに続けられるようになる。
	1歳6か月～10か月頃	語彙爆発	急に語彙が増える。
幼児期	2歳代	助詞の獲得	主な助詞「の」「は」「が」「も」の獲得。
		多語文・従属文	複数の語をつなぎ、「だから」といった接続詞を用いた初歩的な因果文・従属文を話す。
		質問攻めの開始	「これなに？」「どうして？」といった簡単な質問が増える。
	3歳～4歳	語彙が約1,000語に到達	日常生活に欠くことのできない基本語彙数を獲得。
		接続詞を使った長い発話	
		→「言語発達の一応の達成期」	
		アニミズムの言葉	さまざまな物に対して擬人化を行う。
		比喩	他のものにたとえることで目の前のものを自分なりに表現しようとする。
	4歳～5歳	簡単には答えることができない質問の増加	結論が簡単には出ない難しい質問が増える：「どうやって大人になるの？」「赤ちゃんはどこからくるの？」
	5歳～6歳	言葉の使い分け	相手によってどのような表現が適切か意識して話すことが身についてくる。
		物語行動の発達	絵本や昔話など「物語行動」の発達を促す素材をもとに、ファンタジーを語る力が発達していく。
就学後	7歳～	二次的ことば	就学以降に使う必要がある言葉の獲得。

出典：文献[1][3][5][12][18][19]をもとに筆者作成

(2) 身ぶりの発達：赤ちゃんにとってのコミュニケーションの道具

　初語を話す前の発達初期から、大人と乳児は言葉以外の方法でやりとりをしている。「指さし」※8も言葉以外のやりとりの一つである。指さしは非常に便利なもので、例えば私たち大人が外国に行ってレストランのメニューの言葉がわからなくても、隣の人が食べているものを指させば同じ物を注文することができる。特に言葉を話す前の乳児は、言葉の替わりとして指さしを使うことが多い。例えば、乳児が遠くにあるおもちゃをほしいとき、そのものを指さすことで、取ってほしいことを表現する。大人にとって意味のわかる言葉を話すようになる前に、指さしによってコミュニケーションが成り立つようになるのである。

※8　指さし
　ものを指し示す身ぶりのこと。

(3) 愛着の形成

　生後6か月を過ぎると、いつもかかわってくれる人、例えば母親の姿が見えなくなると泣き出したり、あとを追ったりするようになる※9。これは愛着が形成されたことのしるしである。愛着とは親しみをこめて応じてくれる特定の他者に対して情緒的な結びつきをもつことである。愛着が形成されることは、その後の言語・情緒・社会性・知的能力などさまざまな側面の発達にとって欠かせない重要な土台となる[6]。

※9
　このような現象を「分離不安」と呼ぶ。

(4) 何を見ているのかを理解するのはいつ頃から？

　生後6か月頃から乳児は、他人の視線の変化に応じて自分の視線を変化させるようになる。このように他者と注意を共有することを、「共同注意（joint attention）」と呼ぶ。大人が「わんわんね」と言って見ている対象（例：犬）を、大人の視線を追って同時に見て、あれは「わんわん」と呼ばれるものなのだと理解できるようになっていく。乳児は大人と視線や指さしを介したやり取りをしてコミュニケーションをとり、言葉を獲得していく。

(5) 語を組み合わせ始める

　1歳を過ぎた頃、子どもはいくつか語を知り自分でも使えるようになってくる。まだ一度に話せるのは一語のみであるが、一語でありながら文の働きをするように受け止められるため、この言葉は「一語文」と呼ばれる。例えば、近くにいる母親を見て「ママ」、あるいは、そばを通った犬を指して「ワンワン」と発語する。

　一語文期※10がしばらく続いた後、二つの語をつないで作る「二語文」を話すようになってくる。例えば、「ママだっこ」のように「ママ」と「だっこ」

※10
　一語文を話す時期のことを「一語文期」と呼ぶ場合もある。

という二つの語をつないで"ママに抱っこしてもらいたい"といった意味のことを言い表すことができるようになる。

(6) 般用：言葉の意味の広がり

言葉を使い始めた時期の子どもは、「般用」と呼ばれる言葉の使い方をするようになる。「般用」とは、自分の手持ちの言葉で名前を知らない対象を呼ぶ現象である[7]。例えば、1歳を過ぎて一語文を話し始めた子どもが犬を見て「ワンワン」と発語するようになったとしよう。しかし同時に、ライオンや猫やシロクマといったさまざまな動物を指すときも「ワンワン」と発語する。このような子どもの様子を見た大人が、我が子は犬とライオンの区別がつかず見間違えているのかと驚くことも多い。しかし、子どもは犬とライオンの区別がつかないためにどちらも「ワンワン」と呼ぶのではない。犬とライオンの違いは目で見て明確なものであり、そのような知覚的な差異は幼い子どもにも認識可能なものである[8]。子どもは、区別がつかずにライオンを「ワンワン」と呼ぶのではなく、「ライオン」「ネコ」「シロクマ」といった個別の名前をまだ知らないため、手持ちの言葉である「ワンワン」の意味を広くあてはめて使っているのだろうと考えられる。個別の名前を覚えていけば般用は必要ないため、徐々に起きなくなっていく。

(7) 子どもは大人の模倣だけで言葉を覚えるのか？

言葉を使い始めた時期の子どもは、さまざまな言い誤りをする。子どもの言い誤りから、子どもが大人の模倣だけで言葉を覚えているのではないことがわかってくる。なぜなら、子どもの言い誤りには大人が決して口にしないような表現が多く含まれるからだ[3]。例えば、白い花を見た子どもが「白いのお花」と言い誤ることがある。しかし、このような表現を大人は決して口にすることはない。子どもが大人の言葉の模倣だけで言葉を学習しているのなら、決して起きない誤りなのだ。むしろ、子どもが「ママの靴」「パパのカバン」といった表現を聞いて、そこから"二つの語をつなぐときには間に「の」という音を入れるらしい"といった誤った言葉のルールを自分なりに推測した結果だろうと考えられる。このように、子どもは大人の模倣だけで言葉を覚えているのではなく、大人たちの言葉を聞いて、言葉の使い方のルール（文法）を自分なりに推測し、自分なりに使ってみているということがわかる。

(8) 語彙爆発

1歳6〜10か月頃、語彙の獲得が急激に起こるようになる。それまでは一

日数語を習得していた程度だった子どもが、ある時期を境にまるで「語彙が爆発するかのように」増えるのである。この現象は「語彙爆発」と呼ばれる。言語獲得には全般的に個人差や性差が見られることが多いが、語彙爆発が起きるタイミングにもそのような差がある[9]。

2 ── 保育者のかかわり

(1) 乳児はどのような話し方が好きか？

乳児は「マザリーズ（育児語）」と呼ばれる話し方がお気に入りである。マザリーズの特徴として特に以下の2点をあげることができる[※11,10]。

① 声の調子（高さ）が高くなる。
② 声の抑揚を誇張する傾向が顕著になる。

私たち大人は乳児に話しかけるとき自然とこのような話し方で話すことが多い。このような話し方をすると、まだ言葉を理解しない乳児も耳を澄まして大人の言葉を聞きたがるようになる。乳児に対しては一本調子ではなく感情のこもった声の調子で話しかけると、注意を引くのに効果的である。

(2) 指さしが言葉の替わりとして働くようになるためには何が重要か？

「指さし」は、0歳代から頻繁に使われ始めるコミュニケーションツールである。指さしは、最初は「言葉」としての働きをもっているわけではない。子どもの身ぶり手ぶりに対して身近な大人が応答してくれるという経験があってはじめて、気持ちを伝えるための道具として働き始める。

乳児を取り巻く環境と要求を示す身ぶりの出現のかかわりを調べた研究[11]から、以下のようなことがわかっている。この研究では、a．人手の少ない乳児院（保育士1人：乳児8人）、b．人手の多い乳児院（保育士1人：乳児3人）、c．家庭（長子、母1人：乳児1人）の3つの場所において、身ぶりが初めて示されるタイミングと、その後の要求を伝達する身ぶり（例：指さし）の頻度を調べた。その結果、身ぶりが初めて示されるタイミングは場所によって差がなく、どの場所でも生後7・8か月だった。しかし、その後の要求を伝達する身ぶりの増加に違いが生じ、もっとも身ぶりが増加したのが人手の多い乳児院であり、増加しなかったのが人手の少ない乳児院だということが示された。人手の多い乳児院では保育士にさまざまな面で余裕が生まれ、乳児の指さしに気づいて応答することが可能だが、反対に、人手が少ない乳児院では指さしに気づくことも少なく、気づいたとしてもなかなか応答することができない。その結果、乳児が身ぶりを多くするようになって

※11
マザリーズによる発話の変化は他にも多岐にわたる。成人に対する発話に比べ、例えば、1回の発話が短い、テンポが遅い、「あんよ」「ねんね」といった育児語を使う、といった特徴もある[10]。

いくか否かが変わったのだと考えられる。

　乳児が言葉の替わりに指さしを使い気持ちを伝達するようになっていくためには、大人が指さしに対してきちんと応答することが大切である。

(3)　表現しきれない思いをどう汲み取るか？

　子どもが大人にとって意味のわかる語を話すようになったからといって、すぐに言葉によるコミュニケーションがスムーズに行われるようになるわけではない。一語文期においては、子どもはたった一語で時と場合によってさまざまなことを伝えようとする。例えば同じ「ママ」という一語文であっても、母親がいなくて寂しいときに"ママ来て！"という気持ちを込めて「ママ！」と大きな声で叫んで母親を呼ぶこともあり、また、"これはママの靴だよ"ということを伝えたくて玄関で母親の靴を指して「ママ」と発語することもある。別の子どもであれば、また違った意味を込めて「ママ」の一言を発するだろう。このように時と場合、また、個々の子どもによって、一語に込められている意味が異なってくる。このことに保育者は注意し、場面や状況などからその時にその子どもが伝えたいことを汲み取るよう努めることが大切である。

(4)　般用や言い誤りに対するかかわり方

　子どもが般用を行っている場合、物を見間違えているわけではないことに注意する必要がある。先に述べたように、ライオンを指して「ワンワン」と呼ぶ子どもは、ライオンが犬と同じに見えるのではなく、個別の名前（「ライオン」）がまだわからないために「ワンワン」という手持ちの言葉をあてはめて使っているに過ぎない。このような場合、「ワンワンじゃないわよ」と否定するのではなく、「そうね、これはライオンね」というように、正しい名前を言い添えて言葉を返すようにしたい。

　言い誤りに対しても、大人はつい否定したり修正したりしがちである。しかし、言い誤りに対して「違うでしょ」「白いのお花とは言わないでしょう」といった否定の言葉を使っても、子どもは何を否定されているのか理解するのが困難である。したがって、言い誤りを否定せず、まずは言葉で伝えようとしてくれたことをしっかりと受け止め、そのうえで正しい言葉を使って言葉を返すようにしていくことが保育者として大切だと考えられる。

　正しい言葉を繰り返し聞いていくうちに、子どもの方でも誤って推測していた言葉のルールを少しずつ理解しなおしていく。なかには2歳を過ぎても誤った助詞の使い方に長い間固執する子どももいる[7]が、そのようなときに

は焦らず根気強く言葉を返していく必要がある。

第3節 ● 幼児期

1 ── 発達の様子

(1) 文のつくり方の獲得

※12 助詞
　関係や資格などを表す語形変化のない語のこと（杉本つとむ・岩淵匡編『日本語学辞典』桜楓社　1994年）。例えば、「パパのクツ」「トマトはあかい」「せんせいがくる」「おかしもほしい」等。

　2歳代になると、多くの子どもが主な助詞※12を使い始めるようになる。「おかしがほしい」「パパのかばん」のように、語をつなぐために助詞を使うことができるようになる。さらに、複数の語をつなげて話す多語文や、「だから」といった因果関係を表す接続詞を使って簡単な因果文・従属文を作ることができるようになってくる。「〇〇ちゃんはおなかがすいたから、おかしがほしい」といった文で自分の言いたい事柄を言い表すことができるようになってくる。

(2) 言語発達の一応の達成期

> 事例1：あのね、うんとね、でつなぐ長い発話
>
> 「あのね、うんとね、川にね、つりに行ったのね」12)
>
> じゅんいち　「あのね、うんとね、川にね、うんとね、おじいちゃんとね、ぼくとね、おかあさんとね、つりに行ったのね。」
> 先生　　　　（他児のほうを向いて）「川につりに行ったんだって。」
> 他児　　　　「つった？」
> じゅんいち　「あのね、なんかね、うんとね、波がなっててね、うんとね、ジャポーンてね、あれなんだろうって言ってたらね、うんとね、何かなってたんだよ、あのね、うんとね、なにか顔が出てたんだよ。」

　幼児の語彙は3〜4歳で大きく増加し、約1,000語に達する。これは日常生活に欠くことのできない基本語彙数である。また、3歳になると接続詞などを用いるようになり、4歳を過ぎる頃になると「あのね」「うんとね」という言葉でつなぐ長い発話が可能になり、会話で人とかかわっていく自信がついてくる。このようなことから、3〜4歳の時期は言語発達の「一応の達成期」と呼ばれる5)。

　この時期、簡単には答えることができない難しい質問が増えてくる。質問

攻め自体は2歳児頃から始まり、さまざまな物を指して「これなに？」と名前を聞いたり、「どうして？」と理由を聞いたりする簡単な質問が増える。しかし、4～5歳になると、「どうやって大人になるの？」「赤ちゃんはどこからくるの？」といった簡単には答えることができない質問が増えてくる[13]。子どもが興味をもつ対象や範囲がぐっと広くなってきていることがうかがえるだろう。

5～6歳頃になると、相手によってどういう表現が適切か意識して話すことが身についてくる。なじみのない大人や園外から来たお客さんに対しては「～です」「～ます」といった言葉を使い始め、一方で、友だち同士で話すときには「おれが」「おれたちで決めた」といった言葉を好んで使うようになる[13]。言葉のTPOが身についてきたということである。

(3) 比喩表現：子どもは何を似ていると感じるか？

幼児期前期の子どもたちにとって、現実と空想の世界の境界は非常に曖昧である。現実と空想が入り混じった話を多くするようになったり、アニミズム（擬人化）の言葉が多くみられるようになったりする。例えば、風の吹く日、廊下にとんできた木の葉を見て「かぜさんのお手紙だあ」と風を人にたとえてみたり（3歳）、誕生会でろうそくを見つめて「ろうそくってあついんだよね、いっつも汗かいてるじゃん」とろうそくを人にたとえてみたりする（4歳）[13]。

擬人化に限らず、子どもの言葉には比喩が多く見られる。

事例2：比喩を含む発話[14)15)]
- 三日月を見て「バナナみたいに曲がっている（Bent, like a banana）」、重なった枕を見て「葉っぱだ（leafs）」（2歳）
- 干し柿を見てひと言「ばあちゃんだ」（3歳）
- 久しぶりの運転で緊張している母を見て「怪獣の目で運転してる」（4歳）
- ウォーターベットに寝転んで「パパのお腹みたいにブヨブヨ」（5歳）
- セミの脱皮を見て「お母さんはボクの抜け殻やなぁ」（6歳）

子どもは大人に比べて語彙が圧倒的に少ない。そのため、子どもは比喩によって手持ちの乏しい語彙の意味を拡張し、複雑な現実を自分なりに表現しようとしているのだろうと考えられる。

また、新しい比喩を知り、理解することによって、それまで気づかなかった側面に注目することが可能になり、新しい知識を獲得することも可能になるだろう。子どもにとって比喩は、重要な役割を果たすと考えられる。

しかし、幼児が大人の用いるような比喩を理解するのは難しい。Gentnerは比喩能力の発達について調べるために大人と子どもにさまざまな質問をしている。例えば、寛容な人物を「彼は甘い」などとお菓子に例えて表現することがあるが、子どもに「人は甘くなれるかな？」と問いかけると、「チョコレートじゃないんだから、できないよ」（4歳）と、幼児は大人の用いた比喩を「たとえ」として理解せず言葉どおりに受け取ることが多い[14]。「人は甘くなれるかな？」といった比喩を理解するためには、色や形状といった知覚的な特徴に着目するのにとどまるのではなく、深層の関係・構造に着目して類似性を抽出する能力を得ていく必要がある[8)16)]。比喩が含む類似性の種類によって、子どもの比喩理解には差が生じる[17]。

(4)　物語ることの発達過程
　子どもは知識や経験をもとにして想像世界を創り出し、それを言葉で表現するようになっていく。内田（1990）は子どもに3枚の絵を見せて、説明してもらっている[19]。その結果、2歳児はそれぞれの絵については子どもなりに言葉で表現するものの、絵同士のつながりを盛り込むことはしなかった。しかし、3歳児は絵に描かれていないものを想像し、かつ、絵のつながりを意識したお話を考えて作ることができるようになってくるのである。
　表3－2は、5歳児が絵本づくりごっこをして遊んでいるときに作った物語である。この「星を空に返す方法」のお話には、さまざまな物語技法が使われている[3]。例えば、昔話などでよく見られる、似たような出来事が3回繰り返される「3回の繰り返し」の技法が、登場人物たちが繰り返し星を空へ返そうと試みる場面で用いられる。おそらく、この物語を作った女児は、絵本や昔話を読み聞かせてもらう経験を繰り返しするうちに「お話の展開」に関する知識を獲得し、それを使って自分なりのお話作りをしたのだろうと考えられる。このような知識は、子どもにとって絵本の読み聞かせや昔話をしてもらうことで得ることができる大切な知識のひとつである。

表3−2　「星を空に返す方法」

> 　七月十五日はうさぎさんの誕生日です。
> 　きょうは七月十五日。うさぎさんの誕生日だから森の動物たちがあつまってきました。そして、みんなで食事をしているときに、ケーキのかげから星がでてきました。星はみんなに言いました。
> 　「ぼくね、そらからおっこっちゃったの。だからね、ぼくを空にかえして」と言ったら、みんなはびっくりしました。
> 　そこで象は言いました。「おれにまかせてよ」と、象はその星をじぶんの鼻のなかにいれると、いきおいよくとばしました。それでも星はおっこってしまいました。
> 　そしたら、こんどはみんなで相談をして、うさぎが言いました。
> 　「そうだよ、ながーい笹をもってこようよ。それに星をのせてさ、そしてさ、また、その笹をさ、のばしてさ、空までさ、おくってあげるのさ」と、うさぎが言うと、みんなは「そうしよう」と言って、笹をとってきました。
> 　そのなかでも、いちばん笹が長いのをとってきたのは、ねずみでした。ねずみは手がゆらゆらになって、すごーく長い笹をもってきました。
> 　みんなでその先に星をのせると、土の中に埋めて一日まちました。そうすると、その笹は、一日だというのに、ぐんぐんのびて空にとどきました。そして星は空にかえることができました。
> 　そして、その誕生日が終わったあと、みんなが、うちで空をみると、キラキラ光ってるとてもきれいな星がありました。みんなはその光ってる星を、きっと、おちてきた星だと思ったのです。おしまい。

出典：内田伸子『想像力の発達―創造的想像のメカニズム』サイエンス社　1990年　pp.121-123

(5) 小学校以降の生活につながる「言葉の教育」とは何か？

　幼稚園教育要領では前文において、「小学校以降の教育や生涯にわたる学習とのつながりを見通しながら」総合的な指導をするようにと述べられている。小学校以降の教育につながる「言葉の指導」とはどのようなものだろうか。このことを考えるにあたり、幼児期の言葉と小学校以降に使う言葉の特徴を知る必要がある。

　幼児期に使われる言葉は「一次的ことば」、就学後に必要な言葉は「二次的ことば」と呼ばれる[19]。一次的ことばの特徴として、以下の4点をあげることができる。

　①幼児期は相手との一対一の状況で、顔と顔を見合わせた状態で会話をすることが多い。
　②その相手は、よく知り合った親しい人であることが多い。例えば家庭で家族と話したり、園で先生や友だちと話したりすることが日常である。
　③話すテーマは非常に具体的であり、今見ている光景や、してきたばかりの経験について話すことが多い。
　④コミュニケーションの内容が、ことばだけでなく、場面（状況）情報によって支えられて伝わる。

就学後の二次的ことばの特徴は、まず、特定の個人が不特定多数の他者に対して話すようになるという点があげられる。先生が生徒の前に立って生徒全員に対して話すようになるし、また、あるときには自分自身がほかの生徒たちの前に立って何か発表する機会も出てくるだろう。また、テーマは、その場を離れた出来事や、抽象的な概念や論理（例：縄文時代の話、人間の平等に関する話）が含まれるようになるが、それらのテーマも理解していく必要がある。さらにここに書き言葉が加わるようになっていく。

　このように、幼児期の言葉と小学校以降に必要となってくる言葉は、特徴が大きく異なっている。だからと言って幼児期に二次的ことばを早急に取り入れていくのではなく、経験や思いを語る言葉の力を育み、一次的ことばの世界をしっかりと培っていくことが大切になる。

事例３：場面（状況）情報によって支えられて伝わる「おいしい！」

　筆者の娘が１～２歳の頃、たった一言で自分の言いたいことを言い表そうとすることがあった。例えば、「おいしい！」の一言でそのときの気持ちを表現しようとする。「おいしい」という言葉だけでは、何がどの程度おいしいのかは正確には伝わらない。しかし、そのとき、娘が手にお気に入りのメロンパンを持ち、満面の笑顔でその言葉を発しているという状況を見れば、メロンパンが美味しすぎてついつい笑顔になってしまうほどだという娘の気持ちが伝わってくる。

　このように「おいしい」という言葉を聞くだけでなく、持っているものや表情などの場面（状況）も合わせて見て、初めて子どもが言いたいことが伝わってくるのが１次的ことばの特徴のひとつである。

2 ── 保育者としてのかかわり

(1) 経験や思いを語る言葉の力を育むために重要なことは何か？

　幼児期において長い話を多くの人に向けてわかりやすく詳しく報告する、ということはまだ難しい。しかし、対話のなかで、保育者からの適切な促しや示唆・質問・応答などがあることで、幼児が経験を詳しく報告したり、思考を深めたりすることが可能になってくる。

事例４：経験の報告と促し「サル、こんなかっこうして乗ってた」（５歳児）[19]

　子　「きのう、おもしろかった」
先生　「そう、どこかへ行ってきたの？」
　子　「どうぶつえん」
先生　「そう、よかったね。動物園にはなにがいたの？」
　子　「ライオン、キリン、それからトラ、サルもいた」

> 先生 「なにが一番おもしろかったの？」
> 子 「サル、ブランコに乗ってた。サル、こんなかっこして乗ってた（身ぶり）」

　この事例では、「昨日動物園へ行き、ライオンやキリンやトラやサルを見たが、サルがブランコに乗っていたかっこうが、いちばんおもしろかった」という報告が保育者の質問を手がかりに成立している。保育者は子どもが言いたいことを察して代弁してしまうのではなく、子どもが自分自身の言葉で伝えたいことを言い表すことができるよう、目立たない方法で援助していくことが重要である。

　また、「星を空に返す方法」（表3-2）のお話を考えた5歳児の例からも、絵本や昔話は子どもの言葉の発達を促す重要な素材だと言える。保育活動のなかにたくさんの絵本や昔話を取り入れることで、子どもたちが考えたことや体験したことを話すための言葉の力を育むことにつながるのである。

(2) 一次的ことばから二次的ことばにつないでくために

　幼児期から児童期への言語発達は、一次的ことばをどのように二次的ことばへつないでいくかにかかっている。まず、対話としての一次的ことばの世界が充実した内容をもって確立され、その土台にしっかり根づいた形で二次的ことばの世界が形成される必要がある。一次的ことばが貧弱なままであれば、二次的ことばも当然、表面的・限定的な力しかもたなくなる。一次的ことばを充実させ、それを二次的ことばにつないでいく役目を担っているのが、小学校低学年担当の教員であり、保育者なのである[20]。

● 「第3章」学びの確認
①胎児に聞こえる音はどのような音ですか？また、なぜ聞こえるのはそれらの音なのですか？
②乳児が指さしを言葉の替わりとして使えるようになるために大切なことは何ですか？
③幼児が自分の経験やイメージを言葉で表現する力を身につけていくために、保育者としてどのようなかかわりが重要になりますか？
● 発展的な学びへ
①乳児期の非言語的コミュニケーションの特徴をふまえて、乳児とかかわる際に注意する必要がある事柄を具体的に5つ考えてみましょう。
②小学校の教育へつないでいくために、幼児期の言葉の指導において重要になることは何だと考えますか？また、その具体的な実践方法を考えてみましょう。

引用文献

1）正高信男『子どもはことばをからだで覚える―メロディから意味の世界へ―』中央公論新社　2001年
2）汐見稔幸・小西行郎・榊原洋一編『乳児保育の基本』フレーベル館　2007年
3）内田伸子『発達心理学―ことばの獲得と教育―』岩波書店　1999年
4）Fantz, R. L.（1961）The origin of form perception.Scientific American, 202, pp.64-71
5）岡本夏生・麻生武編『年齢の心理学―0歳から6歳まで―』ミネルヴァ書房　2000年
6）内田伸子『子どもは変わる・大人も変わる―児童虐待からの再生』お茶の水学術事業会　2010年
7）内田伸子『発達の心理―ことばの獲得と学び―』サイエンス社　2017年
8）細野美幸『子どもの類推能力の発達：知覚的類似性から関係類似性への移行』風間書房　2012年
9）小林哲生『0～3さいはじめてのことば―ことばの疑問あれこれ―』小学館　2009年
10）松田佳尚「対乳児発話（マザリーズ）を処理する親の脳活動と経験変化」『ベビーサイエンス』14　2014年　pp.22-33
11）内田伸子・秦野悦子「初期言語行動の成立過程」『日本教育心理学会第20回総会発表論文集』1978年　pp.314-315
12）藤崎春代「友だちとの関わりを通して育まれる個性」内田伸子編『よくわかる乳幼児心理学』ミネルヴァ書房　2008年　pp.144-145
13）今井和子『子どもとことばの世界―実践から捉えた乳幼児のことばと自我の育ち』ミネルヴァ書房　1996年
14）Gentner, D.（1988）Metaphor as structure mapping: the relational shift. Child development, 59, pp.47-59
15）朝日新聞出版『「あのね」子どものつぶやき』朝日新聞出版　2009年
16）細野美幸「子どもの類推の発達―関係類似性に基づく推論―」『教育心理学研究』54　2006年　pp.300-311
17）子安増生「心の理論とメタファー・アイロニー理解の発達」楠見孝編『メタファー研究の最前線』ひつじ書房　2007年　pp.61-80
18）内田伸子『想像力の発達―創造的想像のメカニズム』サイエンス社　1990年
19）岡本夏木『ことばと発達』岩波書店　1985年
20）岡本夏木『幼児期―子どもは世界をどうつかむか』岩波書店　2005年
21）中川信子『健診とことばの相談―1歳6か月児健診と3歳児健診を中心に』ぶどう社　1998年

●○● コラム ●○●

発音の変化

　発声や発音にも発達過程がある。表3-3を見てもわかるように、全ての音をはっきりと話せるようになるには生後5～6年はかかる。したがって、2・3歳のときに発音がはっきりしないのは当たり前である。また、発音の発達は個人差が非常に大きいため、発達過程の通りに発音しない場合でも後で追いついてくることも多い。幼児期の発音の仕方に過敏になるより、むしろ就学の頃まで様子を見ることが大切である[21]。

表3-3　発音の発達的変化

年齢	完成する音
2歳代	パ行・バ行・マ行・ヤユヨワン・母音
3歳代	タ行・ダ行・ナ行・ガ行・チャ行
4歳代	カ行・ハ行
5歳代	サ行・ザ行・ラ行

出典：村上氏広・村地俊二『新生児・小児の発達障害診断マニュアル』医歯薬出版　1985年

第4章 子どものことばの発達と絵本

◆キーポイント◆

子どものことばは、家庭や社会のなかでのことばのやりとりだけでなく、子どもの文化財を通しても育まれていく。そのなかでも絵本は、家庭、地域、そして保育所や幼稚園などさまざまな場で子どもがかかわりやすいものだといえよう。本章では、子どものことばの発達において、絵本がどのような意義をもつのかについて、それぞれの年齢の子どもと絵本とのかかわりの事例から理解を深める。特に本章では、低年齢児のことばの発達における絵本の役割について取り上げる。

なお、絵本の「ことばの文化財」としての特性は本書の第9章「子どもを育てることばの文化財」で、絵本の特徴と意義については第10章「絵本にはどのようなものがあるか」で、絵本の読み聞かせの意義や方法については第11章「絵本の読み聞かせをやってみよう」で主に取り上げる。絵本について多様な視点から知見を深め、子どもが絵本に出会う場の一翼を担う保育現場での活用につなげたい。

第1節 ● ことばの発達と絵本

1 ── 保育内容「言葉」における「絵本」の位置づけ

保育所保育指針、幼稚園教育要領、幼保連携型認定こども園教育・保育要領（以下、指針、要領、教育・保育要領と略す）の保育内容「言葉」の「ねらい」[※1]および「内容」[※2]と「内容の取扱い」[※3]では、「絵本」をどのように捉えているのだろうか。次の5点に整理することができる。

①日常生活では出会いにくいものも含め、さまざまなことばに触れてことばに対する感覚を豊かにできる。
②保育者や友達とことばに対する感覚を共有し喜びを感じることができる。
③ことばの響きやリズム、新しい言葉や表現などに触れ、これらを使う楽しさを味わうことができる。
④想像する楽しさを感じることができる。
⑤内容と自分の経験とを結びつけ、想像を巡らせるなど、楽しみを十分に味わうことによって、次第に豊かなイメージをもち、言葉に対する感覚

※1
指針、要領、教育・保育要領の該当箇所の本文は次の通りである。「日常生活に必要な言葉が分かるようになるとともに、絵本や物語などに親しみ、言葉に対する感覚を豊かにし、先生（保育教諭等）や友達と心を通わせる。」なお、「先生（保育教諭等）」については、指針では「保育士等」、教育・保育要領では「保育教諭等」である。

※2
指針、要領、教育・保育要領の該当箇所の本文は次の通りである。「絵本や物語などに親しみ、興味をもって聞き、想像をする楽しさを味わう。」

※3
指針、要領、教育・保育要領の該当箇所の本文は次の通りである。「絵本や物語などで、その内容と自分の経験とを結び付けたり、想像を巡らせたりするなど、楽しみを十分に味わうことによって、次第に豊かなイメージをもち、言葉に対する感覚が養われるようにすること。」、「幼児が生活のなかで、言葉の響きやリズム、新しい言葉や表現などに触れ、これらを使う楽しさを味わえるようにすること。その際、絵本や物語に親しんだり、言葉遊びなどをしたりすることを通して、言葉が豊かになるようにすること。」

を養うことができる。

ことばは、日常の生活のなかでのやりとりだけでなく、絵本や紙芝居などの文化財とのかかわりのなかでも育まれる。絵本を通して子どもは、日常生活では出会いにくいことばや表現に触れたり、ことばそのものの響きやリズムを楽しんだりすることができる。周囲の人とことばを通して心を通わせることは、ことばを育む上での土台となる。さらに、子どもは現実の体験と、間接的な体験の双方を積み重ねることによってイメージを豊かにし、言葉の感覚を磨いていく。保育の場においては、それを友だちや保育者と分かち合い影響を受け合っていく。

2 ── ことばの発達における絵本の意義

絵本は、身近なことばから文学的な表現まで、さまざまなことばに満ちている。また、絵本には「絵」が欠かせない。子どもは絵を見て、読み手の読んでくれることばを耳から聞きながら感じ取ることができる。

語彙が急激に増加する乳幼児期には、多くのことばと出会ってほしい。ただ、子どもが日常生活で触れることばは限られている。絵本は、子どものことばの体験を豊かにしてくれる。語彙の数を単に増やすのではなく、ことばに付随する感覚を捉える感性も磨いていくことができる。

ことばは自分の気持ちを表すために必要不可欠なものだが、幼児期の子どもはまだ自分の気持ちをことばで表現することは難しい。絵本では、主人公の気持ちが絵とことばで表現されている。子どもは主人公の思いに気持ちを重ね合わせながら絵本を楽しんだり、登場人物の気持ちを思いやったりしながら、ことばで自己を表現すること、気持ちを伝え合うことを学んでいく。

小学校就学前になると、文字を読むこと、書くことへの関心も自然と高まってくる。絵本もその機会の一つだが、文字を読むことを最終目標としてしまうのではなく、絵本を読み聞かせてもらって子どもが得られるさまざまなことを大切にしたい。

※4
最初は「うさこちゃん」と訳され、のちに英訳の「ミッフィー」と訳された。

※5　ブルーナ・カラー
ブルーナが用いる6つの色。基本の赤・黄・青・緑に、のちに茶・グレーが加わった。それぞれの色がメッセージを伝えている。『MOE特別編集ブルーナが語るミッフィーのすべて』(白泉社　2017年) pp.70-71参照。

こんな絵本も①

『ゆきのひのうさこちゃん』ディック・ブルーナ作　いしいももこ訳　福音館書店　1964年

「ミッフィー」として現在も大人気の「うさこちゃん」※4。1964年に「子どもがはじめて出会う絵本」として翻訳出版された。明確な輪郭線とブルーナ・カラー※5とよばれる色彩の表現による選び抜かれたシンプルで美しい絵と、やさしく語りかけるようなことば、そして読者をじっと見つめる心豊かで愛らしい「うさこちゃん」が生み出すこの絵本は、いつの時代も子どもたちに届けていきたい一冊である。

3 —— 一冊の絵本をそれぞれに楽しむ

　同じ一冊の絵本でも、一人ひとりの子どもによって、また同じ子どもでもその時々で、さまざまな捉え方がある。ここでは、『もこ もこもこ』の、異なる年齢の子どもの様子をあげる。「赤ちゃん絵本」[※6]としてよく取り上げられるが、小・中学生と読んでも楽しめる絵本である。

※6　赤ちゃん絵本
　赤ちゃんを主な対象とした絵本。近年では、「はじめて出会う本」という意味合いで、「ファーストブック」という言い方も用いられる。

『もこ もこもこ』
谷川俊太郎作
元永定正絵
文研出版　1977年

事例1：7か月
　お気に入りの場面になると、「ウフッ、ウフッ」と声を出しながら、絵本に体をくっつけようとする。
事例2：2歳
　じっと絵を見つめてだんだん表情が豊かになっていく子ども、「もこ」と絵本のなかのことばをつぶやく子ども、くすぐったそうに笑いだす子どもが見られる。
事例3：5歳
　なかほどの「つん」のところでは「おっぱい！」、「ぷうっ」では「ふくらんだー」、「ぱちん」では「われたー」と口々に声をあげるが、「ふんわ　ふんわ」のところでは静かになり、最後裏表紙を閉じるとすっと落ち着いた様子になる。

　この絵本のことばはオノマトペ[※7]だけで、絵は抽象的であることも、多様な読み方を導き出す所以(ゆえん)であろう。オノマトペは、リズムを生み出すとともに、まだ語彙数が少ない乳児期の子どももそのイメージを把握しやすい。
　時に、保育者が絵本やおすすめの絵本リストに記載された対象年齢にとらわれ、この年齢ならこれぐらいの絵本を読ませなければと焦っている姿も見受けられる。しかし、子どもそれぞれの成長や興味の違いがある。また、集団での読み聞かせにおいては個々に向けて読むのとは違い、保育者と子どもたちとの関わりや、子ども同士の関係性によっても子どもの受け止め方は変わってくる。対象年齢についてはあくまでも目安とし、目の前の子どものことばの発達や興味によく目を配りながら絵本を選ぶように心がけたい。

※7　オノマトペ
　擬音語、擬声語、擬態語の総称。赤ちゃん絵本のなかに多いが、幼児向けの物語絵本においても大切な要素となっていることが多い。オノマトペが特徴的な幼児向けの絵本として、にしまきかやこ作・絵『わたしのワンピース』佐野洋子作・絵（こぐま社　1969年）、『おじさんのかさ』（講談社　1992年　初版：銀河社　1974年）、かがくいひろし『もくもくやかん』（講談社　2007年）などがある。

※8　わらべうたの絵本
　ほかにも、こばやしえみこ作　ましませつこ絵『ととけっこうよがあけた』（こぐま社　2005年）、大阪YWCA千里こども図書室案ごんもりなつこ絵『いちじくにんじん』（福音館書店　2012年）、みなみじゅんこ作『どんぐりころちゃん』（アリス館　2013年）などがある。

こんな絵本も②
『いろいろおせわになりました』　やぎゅうげんいちろう作　福音館書店　2008年
　わらべうた「おちゃをのみにきてください」を元にした絵本。ことばはわらべうたの歌詞の繰り返しだが、どんなふうに「おせわになった」のか、想像がどんどんとかき立てられる。歌いながら読んでもよし、じっくり絵をみながら読んでもよしの一冊。裏表紙までしっかり楽しみたい。わらべうたの絵本[※8]は、子どもも大人もわらべうたに親しむきっかけになる。

第2節 ● 子どもと絵本

1 ── 赤ちゃんと絵本

赤ちゃんに絵本が読めるのか、と疑問をもつかもしれない。確かに赤ちゃんは、絵本をなめたり破いたり、ページをあちこちめくりたがるなど、ものとしての本の作りに夢中になる。だがこれも、絵本への興味の第一歩といえるだろう。

長く読まれている赤ちゃん絵本のなかから、『いないいないばあ』のさまざまな月齢の子どもの事例を、ふれあい遊びとの関連も含めてみてみよう。

事例4：5か月
　じっと絵を目で追ってみている。仰向けに寝ているときに顔にハンカチをのせて、「ばあ」とはずすと喜ぶ。
事例5：7か月
　「ばあ」で絵本と読み手の顔を交互に見てにこにこする。
事例6：9か月
　「ばあ」とページをめくると、声をあげて笑う。動物を触ろうと一生懸命絵本に手をのばす。特に、「こんこんぎつね」がお気に入りの様子。
事例7：11か月
　自分でページをめくって、「ばあ」を楽しんでいる。普段も家具の後ろに隠れてから顔を出すなど、自分で「いないいないばあ」のようなしぐさをして遊ぶ。

『いないいないばあ』
松谷みよ子作
瀬川康男絵
童心社　1967年

このように、ことばがまだわからない赤ちゃんも絵本を仲立ちに、読み手とことばの心地よさやリズムをやりとりすることができる。感情のやりとりができるということは、かかわる大人にとっても喜びにつながる。通じ合えるという確信や信頼は、コミュニケーションの原点である。こうしたコミュニケーションは情緒的な人と人との交流の始まりであり、やがてことばで表現するうえでの基盤となっていく[9]。

絵本が愛着関係[10]を作り出す手助けをしてくれる様子を、『くっついた』と『だるまさんが』を親子を対象にした読み聞かせの会で取り上げた際の事例からみてみよう。

※9
　山口真美『赤ちゃんは顔をよむ─視覚と心の発達学』（角川書店　2013年）参照。

※10　愛着関係
　親子の間に形成される緊密な情緒的結びつきのこと。

『くっついた』 三浦太郎作 こぐま社 2005年

事例8：1歳
「くっついた」ということばが出てくると、母親も一緒に声に出しながら、赤ちゃんの顔をのぞきこむようにして顔をくっつけたり、ぎゅっと体を抱きしめたりしている。読み終えたあと、「おねえさんにもくっついたしてもらう？」と母親が赤ちゃんに語り掛け、そばで一緒に聞いていた学生ともほっぺをくっつける。

『だるまさんが』 かがくいひろし作 ブロンズ新社 2008年

事例9：10か月
母親のひざの上で、「だるまさんが」のことばとともに揺れる「だるまさん」と一緒に、ゆらゆらと体を揺らしながら見ている。母子が絵本と一体になって楽しんでいる。

事例10：1歳
「どてっ」で転がったり、「びろーん」で伸びたり、「だるまさん」の真似をする。一緒に見ている母親や学生がほほえましく見ていると、ますます嬉しそうに何度もやってみせる。

『いないいないばあ』や『だるまさんが』のように、じっと読者を見つめるような正面性のある絵本も、赤ちゃん絵本のなかには多くみられる。赤ちゃんは、人の顔への興味が強いということもわかっている[※11]。『かおかおどんなかお』は、「かお」の表情を端的に描いた、0歳からさまざまな読み方で親しまれる絵本である。ここでは、0歳から2歳の事例をあげる。

※11 岡本夏木『子どもとことば』（岩波新書 1982年）参照。

『かおかおどんなかお』 柳原良平作 こぐま社 1988年

事例11：6か月
ページをめくるたびに絵本の「かお」を触ったり、たたいたりしている。

事例12：11か月
自分でめくっては同じページをじっと見ている。読むたびにお気に入りの顔が変わるようで、違うページを選んでいる。

事例13：1歳
読み手の顔を時々見る子どももいれば、じっと絵に見入っている子どももいる。最後の「おしまい さよならのかお」で、絵本に向かって手を振る子どももいる。

事例14：2歳
「たくましいかお」や「からいかお」など、少し難しい表現も理解している様子。「こんなかおだよ」とやってみせる子ども、それを見て笑い合う子どももいる。

※12 マザリーズ
大人が赤ちゃんに語りかけるときのゆっくりで短く、高いピッチの話し方。同じ言葉を繰り返し用いることが多い。

赤ちゃん絵本のなかには、マザリーズ[※12]と呼ばれる赤ちゃんへの独特の語りかけと似たリズムや抑揚があり、赤ちゃんが心地よく感じられるかかわりが自然と生まれるものが多いのも特徴である。この頃はことばのもつ意味を

第4章●子どものことばの発達と絵本

まだ理解できず、視力も十分に発達していないが、ことばのリズムや抑揚、音の響きなどに心地よさを感じ、楽しむことができる。『ころころころ』[※13]、『じゃあじゃあびりびり』[※14]など、オノマトペが用いられたものも多い。

　一人歩きができるようになるおおよそ1歳になると、初語を発する。絵本に登場するものを、一語発話や指さしで伝えようとする姿もみられる。1歳半頃の命名期に入ると、身の周りのものの名前を覚えていくなかで、絵本を通して出会うものにも興味をもつ。次の『くだもの』では、「さあ　どうぞ」という呼びかけが、赤ちゃんをすっと絵本の世界へと引き込んでくれる。

※13　『ころころころ』
元永定正作　福音館書店　1984年

※14　『じゃあじゃあびりびり』
まついのりこ作・絵　偕成社　1983年

事例15：1歳
　「さあ　どうぞ」とくだものが差し出されると、絵に手をのばして、食べるしぐさをする。読み終わったあと表紙を見せると、「あい」と読み手にもさくらんぼをつまんで差し出そうとする。

『くだもの』平山和子作　福音館書店　1981年

　この頃になると二語文程度のものは意味を理解できるようになり、1歳後半からは発話としてもあらわれる。『おでかけばいばい』のように、子どもが日常的によく使うことばを、取り上げたものもある。また、他者と分かち合う喜びも感じられるようになっていく。ことばにならなくても、絵本を見ながら子ども同士で共感しあっていると感じられる姿も見受けられる。

事例16：1歳
　「いってらっしゃーい」と読んだ後、「ばいばーい」に合わせて絵本の登場人物にみんなで手を振る。裏表紙のことばがないところでも、手を振っている子どももいる。Sくんはこれまでしなかった「ばいばい」を、普段もするようになった。

『おでかけばいばい』はせがわせつこ作　やぎゅうげんいちろう絵　福音館書店　2006年

　赤ちゃんは、繰り返しや誘いかけるようなことば、リズムのある響きのよいことばに惹かれる。ことばに関心をもちはじめるこの頃の子どもには、上質なことばを、愛情をもって丁寧にとどけていきたい。その積み重ねが、子どもの感性を育んでいくのである。ことばを楽しむ喜びを知った子どもたちは、物語の絵本も楽しめるようになっていく。

　子育て支援にとっても、絵本は欠かせない。保育者が子どもに直接絵本を読むだけでなく、親子で絵本を読むことについての保護者へのはたらきかけも大切である。ブックスタート[※15]や、図書館や子育て支援施設等での乳幼児向けのおはなし会などと保護者とをつないでいくことも考えられるだろう。

※15　ブックスタート
　0歳児健診などの際に、「絵本」と、赤ちゃんと絵本とをつなぐ「体験」を届ける活動。各自治体の事業として、2017年8月31日現在、1012市区町村（全国の市区町村数1741中）で実施されている（NPOブックスタート調べによる）。NPOブックスタート「実施自治体一覧」http://www.bookstart.or.jp/about/ichiran.php参照。

2 ── 2〜3歳児と絵本

2歳頃には、基本的な生活習慣を身につけていくなかで、「じぶんで」という思いが強くなっていく。絵本のなかの主人公に自分を重ね合わせ、自分も経験しているように感じながら満足感を得ていく。何かが「できる」ということが描かれている絵本には、この時期特に共感できるだろう。『しろくまちゃんのほっとけーき』もそういった絵本のなかの一つである。

『しろくまちゃんのほっとけーき』
わかやまけん作
こぐま社　1972年

事例17：2歳
　Yちゃんは、「だれかぼーるをおさえてて」という場面で、絵本に手をのばす。ほっとけーきが焼けていく様子が描かれている場面では、「ぴちぴち」「ぶつぶつ」という音に耳を傾け、うっとりとした表情で見ている。ほっとけーきができあがると、「しろくまちゃんの、こぐまちゃんの、Yちゃんの。」と言いながら、「たべちゃった！」と口に入れるしぐさをする。「いっしょにたべていい？」と聞くと、にこにこしながら「うん」と答える。

ことばの理解も進み語彙の数も増えていくが、単にものの名前を知るということだけでなく、絵本の世界のなかで経験することで、ことばを体で感じ取っているようである。絵だけやことばだけではわからないものも、絵本という目と耳の両方から入る情報で理解することができていくのである。また、行動範囲が広がりさまざまなものと出会う機会も増え、実際の体験と絵本での体験を行き来しながらことばの体験を増やしていく。次の『どうやってねるのかな』の事例からも、そういった様子がうかがえる。

事例18：2歳
　くり返しのリズムにのって、ゆったりと読む。時折、「おやすみ」というように動物の絵をなでる。きりんが出てくると、「きりん！」と嬉しそうに声をあげる。

事例19：3歳
　園に1週間ぶりに絵本を読みに行くと、Kくんが駆け寄って来て、片足立ちをして「かたあしでたってねます」と言う。前回この絵本を読んだときに、フラミンゴが寝る姿に興味をもっていたので、それを覚えていたのだろう。

『どうやってねるのかな』
やぶうちまさゆき作
福音館書店　1987年

2歳後半になると、物語性のあるものも楽しめるようになる。以下は『ちびゴリラのちびちび』を親子に向けて読んだときの事例である。ことばの意味は、こうしたあたたかな実感とともに得られていくのであろう。

第4章 ● 子どものことばの発達と絵本

> **事例20：2歳**
> 「だいすきでした」の繰り返しでは、母親がぎゅっと子どもを抱きしめたり、ほほを顔に寄せたりしながら聞いている。「おたんじょうび おめでとう ちびちびくん！」のところでは、こどもが手を叩く。立ち上がって絵本のところまできて、「おめでとう」というようにおじぎをする子どももいる。読み終わったあとは、「みんなもちびちびになってね」とゴリラが出てくる手遊びを楽しんだ。

『ちびゴリラのちびちび』
ルース・ボーンスタイン作　いわたみみ訳
ほるぷ出版　1978年

みんなで絵本を読むたのしさを感じられるようになる時期である。『ぞうくんのさんぽ』をクラスで読んだときの事例をあげてみよう。ことばが体と一体となり、またそれを友だちや読み手と共有することを喜ぶ姿が見られる。

> **事例21：3歳**
> ぞうくんの上にどんどん積み重なっていくと、みんな心配そうに見守っている。池に近づいていく場面では、「あぶないよ！」と思わず声をあげる子どももいる。「うわーっ」「どっぼーん」では、みんなの気持ちが一体となっている印象を受ける。

『ぞうくんのさんぽ』なかのひろたか作・絵　福音館書店　1977年

　3歳になると、ことばの理解が急速に進んでいく。同じ絵本を繰り返し読みながら、物語の展開の面白さにも触れていく。耳から入ることばやリズムと、目で見る絵とが溶け合って、子どものなかに吸収されていく。

　3歳から4歳にかけては、昔話絵本も楽しめるようになっていく。絵本一冊のなかに、繰り返しのリズムのなかで生み出されていく高揚感や読み終えたときの満足感、ユーモアなど、さまざまな要素がある。また、体験したことのない世界や、普段の生活のなかで出会わないことばとの出会いもある。さまざまな昔話絵本にも親しむ機会をもちたい。

こんな絵本も③

『だるまさんの』　かがくいひろし作　ブロンズ新社　2008年
『だるまさんと』　かがくいひろし作　ブロンズ新社　2009年

　第2節第1項「赤ちゃんと絵本」でとりあげた『だるまさんが』。そのシリーズの2冊である。1作目の『だるまさんが』では、「だるまさん」自身の動きだったが、「の」では体の部位、「と」では他者とのつながりと、「が」「の」「と」と助詞が変わることで広がりを見せる。子どもの成長にあわせて楽しみたい。

3 ── 4〜5歳児と絵本

　友だちとのかかわりも増え、身近な人の気持ちを理解することができるようになっていく時期である。感情が豊かになり、複雑な気持ちも生まれる。自分の気持ちをことばにして相手に伝えるということには喜びもあるが、同時に難しさも感じるだろう。絵本は、さまざまな登場人物と出会い、その気持ちの表現に出会う機会にもなる。絵本のなかの登場人物に心を重ね合わせることは間接的な体験ではあるが、子どもにとっては直接的な体験へとつながるものでもある。

『こすずめのぼうけん』
ルース・エインズワース作　石井桃子訳
堀内誠一画　福音館書店　1977年

　『こすずめのぼうけん』は少し長めの物語だが、主人公のこすずめに心を重ね合わせながら、子どもがまるで自分のことのように体験していく姿が感じられる絵本である。子どもの想像することのできる「余白」を大切にしながら、読んでいきたい。

　またこの頃は、ことばを聞いて頭のなかに思い描くという想像力が培われていく時期である。ことばはもともと、目に見えるものではない。だが、耳から入ることばの力によって頭のなかにその世界を思い描き、目に見える形にすることができる。自分で文字を読み、そのことばを思い描くことがまだ難しいこの時期の子どもにとって、大人に読んでもらい、絵を見ながら思い描くということは大きな意味をもつといえよう。

　さらに、さまざまなことに興味を抱き、「なぜ？」「どうして？」と疑問をもつ時期でもある。科学や知識の絵本も、知らない世界や出会ったことのないものに出会うことができ、子どもの世界を広げてくれる。また、驚きや発見もあり、単なる知識だけでなく、子どもの心に何かを残してくれるのだ。そこには、科学的な考えや事実に真摯に向き合い正しく伝えようとすること

こんな絵本も④

『おへそのあな』 長谷川義史　BL出版　2006年

　もうすぐ生まれる赤ちゃんの視点で描かれた絵本。「おへそのあなから　みえるみえる」ということばの繰り返しとともに、絵本を見つめる子どもの気持ちが高まっていくのが感じられる。絵から読み取れるところも細かにあり、少人数で読むとまた違う楽しみがある。きょうだいができるのは嬉しいが母親をとられるかと不安な子どもがいるときや、「赤ちゃん」という存在に興味をもつ頃にぜひ読んでみてほしい。

第4章●子どものことばの発達と絵本

ば、子どもの興味にはたらきかけるようなことばがある。単に知識を子どもに伝えるものではなく、その発見や楽しさを味わいながら大切なことがきちんと子どもに伝わるようなものを選んでいきたい。

『みんなうんち』は、ユーモアを交えながら、さまざまな生き物の「うんち」の特徴を描いている絵本である。多くを語らないが、子どもが考える余白がある。最後の「いきものは　たべるから　みんな　うんちをするんだね」ということばが響いてくる。

5歳になると、数や数字への理解が始まり、ことばや文字に対する興味も増していく。ことば遊びの絵本も、実際のことば遊びの体験と関連させながらぜひ取り入れていきたい。

『みんなうんち』
五味太郎作　福音館書店　1977年

例えば『しりとりのだいすきなおうさま』は、しりとりのルールが物語のなかにうまく組み込まれている絵本である。ことば遊びの体験が浅い子どもにとっても、絵本を楽しむことで、実際の遊びの経験へとつながりやすいといえるだろう。

数や数字といった抽象的な概念は、子どもにとって理解が難しく、ことばにすることも容易ではない。だが、絵本では抽象的な概念が絵とことばによってわか

『しりとりのだいすきなおうさま』
中村翔子作　はたこうしろう絵
すずき出版　2001年

りやすく表現されている。また、一つのことばがもつさまざまな意味を、子どもは物語を通して感じ取っていく。

『すてきな三にんぐみ』も、この絵本での「すてきな」の意味を、子どもそれぞれが感じ取っていくことができるような作品である。この絵本の世界に引き込まれて何度も読んでほしがり、文章を覚えてしまう子どももいる。

大人としては、なぜ同じ絵本を何度も読みたがるのか、もっと他の絵本も読んでほしいと思ってしまいがちだが、夢中になれる絵本が見つかるということは、子どものことばの体験に

『すてきな三にんぐみ』
トミー・アンゲラー作　いまえよしとも訳　偕成社　1969年

とって大きな意味をもつ。子どもが、とても深いところでことばの力を身につけているということを意味しているといえるだろう。

　集団で一冊の絵本を楽しみ、共有しあうことも大切だが、一人一人の子どもの興味や関心、またことばの理解の深まりに寄り添いながら、絵本を届けていきたいものである。

●「第4章」学びの確認
①この章で紹介されている絵本を手にとり、一冊ずつじっくり絵を見て、声に出してことばのリズムや響きを感じながら読んでみよう。
②この章で紹介されている以外の絵本を図書館などで探して読み、何歳くらいの子どもと読むとよいか考えてみよう。
●発展的な学びへ
①読んだ絵本を書き留める絵本ノートを作ろう。書名、著者名、出版社名とともに、感想や何歳くらいの子どもとどのような季節や時期に読みたいかなども書いておこう。
②子どもの年齢に合った絵本を選び、実際に読んでみよう。そのときの子どもの様子から気づいたことをまとめておこう。

こんな絵本も⑤
『ぼちぼちいこか』
マイク・セイラー作　ロバート・グロスマン絵　いまえよしとも訳　偕成社　1980年

　例えば、「いよいよ年長組」、「さあ4月から小学生」といった変化がある時期、子どもたちは誇らしいのと同時に重荷に感じている様子が見受けられる。そんなときに読みたいのが、この絵本。かばくんは「なれるやろか」とさまざまな仕事に挑戦してみるが、失敗ばかり。それでも「ぼちぼちいこか」とめげないかばくんと、関西弁が、伸びやかな空気をもたらしてくれる。読み終わってからも、「ぼちぼちいこか」が子どもたちの合言葉になることも。

参考文献

1）金澤和子編著『赤ちゃんと絵本であそぼう』一声社　2009年
2）香曽我部秀幸・鈴木穂波編著『絵本をよむこと―絵本学入門』翰林書房　2012年
3）児玉ひろ美『0～5歳　子どもを育てる「読み聞かせ」実践ガイド』小学館　2016年
4）中村征子『絵本の本』福音館書店　2009年
5）正置友子・大阪保育研究所編『保育の中の絵本』かもがわ出版　2015年

第5章 ことばの発達をうながす援助をどう考えるか
―保育の計画や実践―

◆キーポイント◆

保育所保育指針や幼稚園教育要領、幼保連携型認定こども園教育・保育要領における保育内容領域「言葉」は、5領域の枠を越えて子どもの発達をうながすだけではなく、人格を育てる上でも重要な役割がある。人と人をつなぐ、人と物をつなぐ、さまざまな文化を継承するといったことからも、領域「言葉」は、ほかの領域と常に関係をもちつつ、相互的かつ総合的な役割を果たす領域である。

本章では、保育内容・領域「言葉」としての保育の実践と保育カリキュラムの構成から、子どもの育ちに与える影響や教育的意義、ことばの発達を促す援助について考えていきたい。

第1節 ● 保育の全体的な計画と保育内容「言葉」

1 ── 教育課程と全体的な計画を作成する際の「言葉」の考え方

保育所保育指針、幼稚園教育要領、幼保連携型認定こども園教育・保育要領（以下、指針、要領、教育・保育要領と略す）では、幼児期の終わりまでに育ってほしい姿として、言葉による伝え合いや豊かな感性と表現など、領域に準じて10の姿が述べられている。そうした子どもの姿をめざして、各園では、社会に開かれた教育課程の実現が必要とされている。

全体的な計画とは、各保育所の保育目標にあわせて、子どもの発達の道筋をふまえた保育をするために必要な0歳児から6歳児までの保育および食育などを含む保育所全体の計画である。保育の基本を大切にしつつ、子どもの実態に合った保育実践の展開と保育の質の向上が求められている。また、教育課程と全体的な計画はもちろんのこと、地域における社会活動や安全・健康に関することまで、園全体の教職員や保育者間において計画、実践、評価、改善するというカリキュラム・マネジメント[※1]が求められる。

保育内容領域「言葉」においても、カリキュラム・マネジメントの質を大切にするなかで、保幼小連携に向けてのアプローチ・カリキュラム[※2]を充実させていき、スタートカリキュラム[※3]につなげていくことが必要である。

※1 カリキュラム・マネジメント
園長・施設長を中心に、全教職員が「社会に開かれた教育課程」という新たな視点で、教育課程を核にして、教育・保育の改善や組織運営の改善を、地域の実態にもとづいて一体的に行うことができる組織文化を形成すること。

※2 アプローチ・カリキュラム
就学前の幼児が円滑に小学校の生活や学習へ適応できるようにするとともに、幼児期の学びが小学校の生活や学習で生かされてつながるように工夫された5歳児のカリキュラムのこと。

※3 スタートカリキュラム
幼児期の育ちや学びを踏まえて、小学校の授業を中心とした学習へうまくつなげるため、小学校入学後に実施される合科的・関連的カリキュラムのこと。

2 ── 全体的な計画を作成する際の留意点と「ことば」

指針、要領、教育・保育要領におけるねらいと内容から、理想とする子どもの姿が推察される。しかし、実際の子どもの姿はというと、生活年齢や発達年齢、集団としてみるとクラスの特性などにより、保育者が予測できないことが起きることがある。

集団の場において、ことばはねらいを達成する上で大きな役割を果たす。特に、自分の思いを伝えたり、友だちの思いを受け入れたりすることができるようになるのは、4歳前後に自制心が芽生え、5歳前後に自制心が育ったころである。そうした時期を迎えるまでは、1歳前後の自分の思いを一筋に出したい時期、2歳前後の自立したい自分がいてできない自分に気づく揺れ動く時期、3歳前後の自己主張をする発達の経過があり、生活体験の特徴とかかわってさまざまな姿が見られる。

特に「言葉」の領域では、発達的に自己主張が多いと思われる年齢の、子どもたちの葛藤やいわば「いざこざ」などに対しては、全体を見回しつつ支援をしていくことが重要である。

全体的な計画を作成する際は、こうした実際の子どもの姿をとらえることが第1であり、子どもの姿を基盤とした生きた保育課程を立てる必要がある。第2に大切にしたいことは、保育者が子どもの気持ちを高め、どのように意欲を育てていくかということである。保育者の計画的意図を大切にしつつ、その場その場で子どもの気持ちを受け止め、指導計画を柔軟にアレンジしていく力量が求められる。

3 ── 年間指導計画と、月案・週案・日案

年間の指導計画は、指針および要領をふまえて、子どもの発達を願い1年間の保育の見通しについて示すものである[※4]。つまり、1年のはじまりである4月から1年の終わりである3月までの間にクラスの子どもたちに到達してほしいクラスの目標や保育者の願いについて、子どもの生活年齢を基本に子どもの活動、環境、保育者の援助など、保育全般の内容について系統的に毎年作成するものである。これを毎年作成することによって、保育所であれば0歳児から、幼稚園であれば3歳児から就学するまでの子どもの数年間が守られ、健全な発達をうながすことができる。

また、全体的な計画とそれを具体化する指導計画は、保育所や幼稚園が設置されている地域性や運営方針に沿って独自の特性を生かした内容を入れ、

※4
保育指導計画は全体的な計画を基本として具体的に示された保育の計画である。各クラスなど集団の編成に必要とされ、月、週、1日の計画を作成して保育実践に結ぶためのものである。

独自性を大切にしたものを作成することが望ましい。

月案とは月間指導計画案のことである。月案は全体的な計画と年間指導計画に沿って、前月の子どもの活動の様子や発達の様子、クラス集団の流れの変化を受け止めて作成する。また、クラスの障害児の受け入れ状況、1クラスの子どもの人数、男女児数のバランスなど、月案を立てる際は月ごとの状況の変化に応じた丁寧な配慮や支援の方法を入れる必要がある。

週案は週の指導計画案である。週案は月案に基づいて1週間の指導計画の流れを具体的に書くことが望ましい。その際、年齢が低い乳児期の子どもであれば生活の場面においての流れが重要になってくることもある。例えば、離乳食をはじめたばかりの子どもであればそこに流れが必要となり、日々の遊びは1週間の毎日が繰り返しである場合も存在するだろう[※5]。

ところが5歳児クラスの子どもであったらどのようになるだろう。生活の場面はさることながら遊びの、低年齢児とは違って連続性や発展性が重要になってくることもある。

日案は週案をさらに具体的に、子どもたちの1日1日の生活や遊びを計画するものである。ここでも前日の子ども集団の様子、3歳以上児では今日の遊びが次の日の楽しみにつながるような環境設定による遊びの連続性、生活面のなかで、特に健康状態の把握などきめ細かい実態を基盤に子どもたちの意欲を大切にした取り組みが記述されることが大切である。

また、週案と日案は必ずしも両方が必要とは限らない。子どもの様子をじっくり観察した上で、子どもたちが求めていることと保育者が計画したいことなどについて、状況をしっかり見極めた上で、いずれかを記入することにしてもよい。もちろん両方を記入することも大切にしたい。

第2節 ● 事例にみる週案・日案

1 ── 事例1：週案（ことばを中心に）

ここでの週案の事例は、3歳児を中心とした主な遊びの1週間の流れを示している（表5-1）。しかし、3歳児の場合は、他に生活面での配慮や子ども一人ひとりへの配慮や支援の記述も必要となる。

※5 授乳回数・離乳食の量や種類、与え方などが1日・2日の単位で変化する。1週間も経ると量や種類だけでなく、調理方法も変わる。ここに計画された保育の一連の流れがみられないと、子どもの健康によくない影響を与えてしまうことも出てくる。あわせて、離乳食を与える際のことばかけは、子どもの食に対する意欲を育てることにもなる。こうした日々の生活において見られる子ども自身の発達的変化の積み重ねが、保育の流れとして予測され、月案・週案・日案として作成されることが望ましい。

表5－1　週の指導計画案

日付	2008年11月　第3週　11月10日（月）～11月15日（土）　　こりす組（3歳児）		
週の ねらい	秋の自然にふれ、外遊びを楽しみながら、感動を保育者や友だちに伝えることで、あそびを共有共感する快さを体験する。		
子ども の姿	自分の思いが通らないと文句を言い続ける子どもがいる一方で、ひとつずつ自信をもってできないことにチャレンジしようとする子どもの姿がみられる。		
日	曜日	環　境	子どもの活動	保育者の援助
10	月	・話し合いの準備：半円形に椅子を並べる。 ・散歩用着替え衛生用品の用意をしてリュックに詰める。ビニール袋を用意する	・椅子に座り、この日の活動を話したり聞いたりする。 ・公園まで散歩をする。葉っぱやどんぐりなどを見つけ友達や保育者に話す。	・今日は何をして遊びたいか子どもに問いかけ、散歩先を決める。 ・当日の子どもの健康状態を確認。 ・ひとりでいる子どもがいることを他の子どもに伝える。
11	火	・ビニールシートを広げておく。その周囲に椅子を並べる。	・葉をシート上に広げ、感触を自由に楽しみ友達と遊ぶ。 ・保育者の問いかけにことばや態度で答える。	・子どもが遊ぶ様子から葉が落ちる様子や色について問いかける。 ・葉の大小や種類、触った感触や落ち方の違いに気づくことばをかける。
12	水	コーナー① ・葉っぱのおうち コーナー② ・こんにちはのおうち 　（糊、ボンド） コーナー③ ・描くおうち 　（クレパス・絵の具など）	・コーナー①から葉を取り、見立て遊びを楽しみ友達や先生に話しかける。 ・画用紙に糊やボンドで葉を貼り、接着剤が乾いたら絵の具やクレパスで完成させる。 ・制作後表現内容について話したり聞いたりする。	・1枚ずつの葉っぱの違いだけではなく、数枚を並べて構成する楽しみ方や発見に気づけることばをかける。また色と色の組み合わせの面白さにも気づくようなことばをかける。 ・糊やボンドの使用法を伝える。制作物をみんなの前で伝え合うことの喜びを感じさせる。
13	木	・話し合いの準備：半円形に椅子を並べる。 ・散歩用着替えを用意する。	・椅子に座り今日の活動を聞いたり話したりする。 ・散歩先で見つけた葉やどんぐり等を友達や保育者に伝える。	・前回の秋探しの思いを聞き、新たな楽しみ散歩の提案をする。 ・2人で手をつないで歩くようにことばをかける。
14	金	コーナー① ・葉っぱ コーナー② ・絵の具、新聞、バレン、和紙	・保育者の話を聞いて制作手順を知り、準備物をコーナーから机に運ぶ。 ・制作の後、表現について話したり聞いたりする。	・葉っぱを版画にする技法を伝える。 ・版画の新規性、意外性に気づき感性を引き出せることばかけをする。 ・作品にストーリー性がもてるようことばをかけ意欲を高める。
15	土	コーナー「あそび」 ・室内（葉、どんぐり、画紙、クレパス、楊枝）	・自分で遊びを見つける。 ・友達を誘って遊ぶ。	・子どものトラブルは仲裁が必要なときはクラスで話し合いの機会をもつ。 ・危険が伴う場合はすぐに対応する。
週の反省	今週は、お天気もよく、子どもたちはのびのびと戸外で遊ぶことができた。特に散歩先で、木の葉やどんぐりを見つけると、嬉しそうに土をはらいながらビニール袋へ入れる姿が印象的だった。絵の具やボンドの使用は、苦手な子への支援が大変だったが、子どもは喜んでいたので、これからも使用する機会をつくっていきたい。作品の説明では、うまく伝えられない子どもがいると他の子が答えていた。皆で共有できた遊びだからこそ、このような共感する姿がみられたように思えた。来週は今週のねらいを深めて、どんぐりを使用したおもちゃの制作で、子どものあそびをさらに発展させ、より意欲を高めていきたいと考えている。		

○事例のコメント：週案

　この事例は、1週間を見通した発達や遊びの連続性を考慮した3歳児クラ

スの週案である。3歳児クラスは11月中旬ともなると多くの子どもが満4歳をむかえ、自分の意思をことばで伝えるようになってくる。なかには自己主張の激しい子ども、あるいは自分のしたいことがあるにもかかわらず、思うように実践できずにイライラした様子を見せる子どもがいる。日々をいきいきと過ごす子どももいる。

この週案のなかで、下線部は「ことば」に関係する箇所である。ここでも理解できるように、ことばは「散歩」「制作」においても、重要な役割がある。

2 ── 事例2：日案（2006年12月12日）

○ねらい
　絵本からイメージを広げ、友だちや保育者、学生と絵の具で描くことを楽しむ。

○内容
　①教師の読み聞かせである絵本『うさぎちゃんとゆきだるま』からもうじき降りだす雪と雪で遊ぶイメージを楽しむ。
　②教師や学生、友だちと話しながら雪遊びのイメージを広げて楽しむ。
　③雪遊びをするつもりになって、遊戯室という広い場所の窓ガラスに絵の具で雪や雪だるま、自分や友だちなどを描いて遊ぶ。

○環境の構成
　①絵の具と筆を入れた牛乳パックのかばんは、子どもの人数分用意し、子ども自身のものという気持ちをもたせる。
　②子どもが窓に描く際に絵の具は描きやすく絵の具が垂れてこないように水を少なくしてつくっておき、そのことを子どもたちに伝える。
　③遊戯室の窓辺は子どもが絵の具をこぼしても気にしなくてよいように伝えると同時に、ビニールシートを敷き、雑巾と水を入れたバケツを用意しておく。
　④遊戯室全体を見渡せる位置で絵本を読み、その後、すべての窓に広々と描いていけることを知らせる。
　⑤子どもが好きな場所で描けて動きやすいように遊戯室の用具は片づけておく。

○教師の援助
　①教師と大学生は、子どもが絵を描きながら雪や雪遊びの話がはずむように、寄り添って聞いたりことばがけをしたりする。
　②子どもが自分なりに点や線、面で表現していくことを楽しめるように、

第5章 ことばの発達をうながす援助をどう考えるか

表5-2　福岡教育大学附属幼稚園（3歳児　ちゅうりっぷ組　18人）

時間	予想される幼児の活動	環境の構成と教師の援助
8：45 9：10	●登園 ・元気に挨拶をした後は所持品を片づける ・好きな遊びをする （ままごと・積み木・絵を描く・粘土遊びなど）	T：元気に挨拶を交わし、所持品の始末を見届ける。忘れている幼児には、気づくように声をかける。 T：友だち同士集まって自由に表現をして、真似し合うことを褒めたり、勧めたりして子ども同士の関係を広げる。
9：20	●朝の集まり ・音楽テープ「はらぺこあおむし」を聞いて歌ったり踊ったりして楽しむ。 ・歌「もりのくまさん」を歌う。 ・出欠確認 ・欠席の友だちを確かめる。 ・朝起きて家族に挨拶をしたか、朝ごはんをしっかり食べたかなどを確かめ合う。 ○描画遊びのために遊戯室へ移動をする。	T：元気に生活したり、遊んだりするためには基本的生活習慣が大切となることを意識できるようにする。友だちもしていることを感じ合えるようにする。
9：45	●絵本「うさぎちゃんとゆきだるま」の読み聞かせを聞く。 ・雪が降ってきたつもりで遊びを考えてTに伝える。 ・Tをみて楽しさを感じ、描きたくなる。 ・牛乳パックの画板を落とさないようにもって、描きたい場所へ移動する。 ・窓ガラスに降っている雪を点や線で描いたり、雪だるまや友だちを線や面で描いたりして、自分なりに絵を描くことを楽しむ。 ・描いた絵で遊戯室がいっぱいになったら、楽しい雪遊びの景色になったか全員で眺めたりみたりする。 ・筆、かばんを集めるなど片づけをする。 ○クラスにもどる。	T：もうじき雪が降ることを知らせ、絵本「うさぎちゃんとゆきだるま」を読む。 T：雪が降ったらどんな遊びをしたいか子どもたちに尋ねる。 T：遊戯室に雪を降らせたり、雪だるまをつくったりする遊びに誘う。 T：窓ガラスに絵の具で雪を描いて雪遊びをすることを伝え、少し雪を描いてみせる。 G：絵の具入りのかばんを子どもに手渡し、子どもの描きたい場所へ一緒に行く。 T・G：子どもの活動を見守りながら、子どものイメージが広がるように話を聞いたり、ことばがけをする。 T：一人ひとりががんばったことに喜びを感じられるように褒める。 T：みんなで描いた雪遊びの絵で遊戯室がすっかり雪景色になったことをともに喜ぶ。 TとG：片づけ方を伝えたり、一緒に片づけたりする。
11：00	●降園準備 ・用便をすませて、手洗い・うがいをする。 ・タオルをかばんに入れて、かばんを肩にかけ、着席する。 ・リーダーはシールを配る。 ・シールを受け取って貼る。	T：子どもたちでできるところは少しでも任せるようにして、必要なところだけ手伝う。
11：30	●絵本「ゆき」をみる。 ・手遊び「1丁目のとら猫」をする。 ・帰る準備をする。	T：静かに、少しずつ雪が積もる不思議さや楽しさを感じるように、子どもの反応を確かめながらゆっくり読む。 T・G：子どもたちと一緒に手遊びを楽しむ。
12：00	●降園	T：明日も元気に遊びの続きを楽しめるようにと気持ちを込めて挨拶をする。

※　T＝教師の援助　G＝学生の援助

　　子どもの活動を見守る。
　③子どもが丁寧に描いた雪や雪だるま、自分や友だちの絵を認めたり、友だちと一緒に描くことを勧めたりすることで、楽しい思いを表現できるようにする。

○**事例のコメント：日案**
　九州で雪が降るのは珍しい。3歳児がこの地方に雪が降ることを心待ちにしていたという経過があり、『うさぎちゃんとゆきだるま』の絵本を読んでもらい、いっそう雪への期待が膨らんだことで、さらに子どもの気持ちを高めた取り組みであったことがうかがえる。
　意欲的に楽しみながら取り組むことができた1日である。また、この日は実習生が加わり、3歳児の会話が日常よりはずんで見えたことは、テーマへの導入が3歳児にとって心地よいものであったことがうかがえる。
　ここでの実践は子どもたちにとって、とても楽しい遊びであったと同時に、ゆったりと穏やかな時間を過ごした心地よさがあったことが伝わってくる。なぜなのだろうか？　幼児期のゆったりとした穏やかな時間は、落ち着いた情緒や情感を育む要素がある。この実践にみる教師の援助や環境の設定は、感性を育てる上で十分な配慮がされている。例えば、「ことばをかけたり寄り添ったりする」ことと「表現を楽しめるように見守る」ことというように、対比しているようにも感じられることばが存在することに配慮の深さが感じられる。そして、「ことばの表現」と「描く表現」の2つがバランスよく保育内容として取り入れられているところに、この実践のすばらしさがある。子どもにより楽しい思いをもたせ、子どものことばを引き出している点に、保育実践に大切とされる教育的意図が明確にされている。
　こうした体験の積み重ねが、子どもの感性を育み、次への楽しみや意欲を育て、3歳児がよりいきいきとした日々を過ごすことができることへとつな

がってくる。

　ここでの保育は、乳幼児期の心や感性の育ちが教育の質から生まれることを実践のなかで伝えることの大切さを示している。

第3節 ● 週案・日案を立てる際に配慮したいこと

　ことばは美しいものを美しいととらえる感性が、友だちや先生に感動を与え、そこに科学するまなざしや気づきが、より豊かな相互の営みとして子どもの感性を引き出したり、育てたりすることがある。また、ことばは人との関係において自分の思いが出せないこともあれば自分らしく主張できることもある。ことばは人との関係においても重要な役割を果たし、自我の形成にも影響を与えることだろう。

　ことばを軸とした3歳児の週案・日案を立てる際に、次の点を大切にしたい。

1 ── 感動とことば

　美しいものを見たとき、あるいは自分がそれまでできなかったことができるようになったとき、子どもたちは歓声をあげて喜ぶことだろう。前者は美しいものを見たときの感性から生じる感動で情感や情緒の育ちへと発展していくものである。後者は達成感から来る感動であり、考える力である知性の育ちと関係してくる。そうした感動はことばとして表現されることが多く、さらに人に伝達することばの要素が存在する。

　このように、子どものことばを引き出したり、意欲を高めたりするためには、その前後の活動が子どもにとって感動を伴うものであること、その感動が1人の子どもの発見であっても、保育者が全体の子どもの気づきとなるようなことばをかけることが重要である。それが、子どもの発達によりよい環境をつくることになり、保育の質を高めることとなるのである。

2 ── 子どもが主人公である人間関係とことば

　クラスのなかでトラブルなど問題が起きたときは、保育者は子ども全体に問いかけて、どの子どもにも考えるチャンスを与えることが大切である。友

だちとの関係では、幼い1歳児や2歳児でも自分の思いをもっており、そうであるにもかかわらずそれを上手に表現できない葛藤や不安のなかで人としての力を蓄えている。4歳児クラス後半頃から、子どもは自分の思いを伝えるとともに友だちの思いを受け止めることができるようになってくる。この時期には、考える力とともに相手のことを思いやる心が育ち、生きたことばで自分らしく表現ができるようになってくる。子ども集団のなかでこそ葛藤をくぐり揺れながら、自分の気持ちを伝えつつ、まっすぐに物を見つめる感性を備えたやわらかいこころが育つのではないかと思われる。

したがって、週案、日案を立てる際には子どもが主人公であり、あくまで保育者は子どものよりよき発達を願う支援や教育ができる脇役でなくてはならない。

3 ── 特別に支援がいる子どもとことば

落ち着きがないといわれる子ども、自閉症の子ども、知的発達に遅れがみられるなどさまざまな障害がみられる子どもがいる。こうした子どもを含むクラスでは、母集団であるクラスの子どもの年齢によって支援の方法は変わってくる。

集団に入れないと思われる重度の障害児は、本当にクラスに入ることは困難なのだろうか。どの子どもも、クラスの一員でありたい、友だちと一緒にいて同じことをしたいという願いはもっている。それが困難なとき、どのようにしたらいいのだろうか。

保育者は、その子どもが仲間である同じクラスの子どもからもことばをかけてもらう雰囲気をつくることが大切である。障害のある子どもが今、何を語ろうとしているのか、何を語りたいと考えているのかを、しっかり観察して思いをくみ取り、ことばをかける必要があるだろう。

障害のある子どももそうでない子どもも発達の道筋は同じである。どのようなときに何に感動しているのかといった感性の育ち、子どもが主人公である人間関係の育ちへの配慮は、全ての子どもに共通しているということを理解しておかなければならない。

そうした考えの上に立って、障害のある子ども、そうではない子どもの両者にとっての最善の利益のために、病院や療育教室、保健センターなどの専門諸機関と連携を図り、発達心理相談員などの専門家の指導を受け入れてよりよいことばの発達を育んでいくことが大切である。

第4節 ● 保育者と家庭の連携

1 ── 現代の家族のあり方と子どものことば

　子ども・子育て関連3法は、2012（平成24）年に制定され、2015（平成27）年度には、子ども・子育て支援新制度がスタートした。

　新制度のポイントは、「質の高い幼児期の学校教育・保育の総合的な提供」「保育の量的拡大・確保」「地域の子ども・子育て支援の充実」の3つである。

　こうした子育てを巡る新制度の背景には、女性の社会進出に伴う共働きの増加（1997年の949万世帯から2015年の1114万世帯へ）、ひとり親家庭の増加、そして、男性の働き方の見直しと合わせてワークライフ・バランスの再検討があげられ、少子高齢化および犯罪の低年齢化など、子どもをめぐるさまざまな問題を課題とする社会において、地域の子育て家庭の支援が必要となってきた。

　子どもの遊びでは、コンピューターゲームがより一層普及し、親と子のコミュニケーションや社会とのつながりにおいても、スマートフォンやタブレットが利用され、対話が減少してきているのではないかと推察できる。

　ベネッセ教育総合研究所による「第1回幼児期の家庭教育調査・縦断調査（3歳児〜4歳児）」(2014)において、親と子どもの関係性について親子の影響として、『3歳児期に、その子どもが生活習慣を身につけることで、4歳児期の生活習慣や、自己抑制、がんばる力、論理性など、「学びに向かう力」や「文字・数・思考」の力へ及ぼす[1]』ことを明らかにしている。

　こうしたことから、スマートフォンやタブレットは、親子のコミュニケーションだけではなく、社会性の発達への影響も考えられることから、家庭や幼稚園、保育所（園）、認定こども園などでは、社会や個人のニーズと共に子どもの発達への影響を十分配慮して適切な使用方法が求められる。また、家庭での配慮が望まれないケースも考えられるため、乳幼児を受け入れている専門機関では、保護者へその重要性を示すとともに、家庭生活での補完を専門機関が担っていくことが必要となってきている。

2 ── 親への連絡や連携の重要性

　保育所や幼稚園、認定こども園では保護者との連絡や連携に連絡帳を使用

していることが多い。ほかには「クラスだより」「園だより」といわれる印刷物で、保育所あるいは幼稚園全体の様子やクラスの子どもや取り組みの様子、行事の予定などを知らせている。

　連絡帳は、親からの連絡では、子どもへの悩み、時には家族関係の悩みが書いてある。また、子どもの発達や成長の様子、家でのエピソードなど楽しいことも記述されている。一方、保育所や幼稚園からも、同じように子どもの悩み、育児への提言、クラスのなかでの様子を伝えるよい機会となる。

　このように連絡帳は個別のものであり、親と子どもと保育者の気持ちをつないだり、問題を解決する有効な方法である。

　このとき、守秘義務は日々しっかり心に留めておかなければならない。

　連絡帳は、保育者と保護者と子どもをつなぐパイプであり、会話以外のもうひとつの表現方法であるととらえてもよいのではないだろうか。そして、保育者には、形式的ではなく、心をこめて相手の気持ちに届ける思いで書くことが望まれる。

●「第5章」学びの確認
①アプローチ・カリキュラムとスタートカリキュラムの関連について確認しよう。
②言葉の指導計画について発達を基盤として3歳児、4歳児、5歳児の日案を具体的に作成してみよう。
●発展的な学びへ
①子どもに与える日本の文化（絵本や紙芝居の語り、手遊びやわらべうたの伝承など）とことばの関係について洞察を行い、教育の計画を考えてみよう。
②保育者のことば遣いと子どもの言葉環境の関連と影響について考えてみよう。

引用・参考文献

1）日本子ども家庭総合研究所編『日本子ども資料年鑑2015』KTC中央出版　2015年　pp.21-22
2）『平成29年告示幼稚園教育要領・保育所保育指針・幼保連携型認定こども園教育・保育要領〈原本〉』チャイルド本社　2017年
3）無藤隆『3法令改訂(定)の要点とこれからの保育』チャイルド本社　2017年
4）全国保育団体連絡会・保育研究所編『保育白書2016』ひとなる書房　2016年
5）ベネッセ教育総合研究所「第1回幼児期の家庭教育調査・縦断調査（3歳児〜4歳児）」2014年

協力
和歌山大学　丁子かおる
福岡教育大学附属幼稚園

第 6 章 3歳児以上の文字環境と小学校「国語」への連携

◆キーポイント◆

情報社会における子どもの「ことば」の発達を、いかに育むか。保育者は、グローバルな視点に立脚した文字環境を整え、指導にあたっては、幼児期にしかできない教育と、小学校へつなげていく教育の違いを自覚しなければならない。保幼小の一貫性が重用視され、強化されていくなかで、小学校の「国語」を見据えたとき、文字を「読む」「書く」ためのレディネス[※1]を「遊びと生活体験」のなかで、豊かに、確実に育んでいくことが肝要である。

※1 レディネス（readiness）
英語で、準備や用意のできていることを指す語であるが、幼児の発達では、ある学習のために身体的な成熟がみられ、用意の整った状態、あるいは学習のための必須条件を指す。

第1節 ● 3歳児以上の保育内容の共通化と「ことば」の発達

1 ── 3法令の3歳児以上の内容の共通化がめざすもの

2017（平成29）年の保育所保育指針、幼稚園教育要領と幼保連携型認定こども園教育・保育要領（以下、指針、要領、教育・保育要領と略す）の同時改訂（指針のみ改定）は、グローバル時代の社会を大きく反映し、保育が「十分な養護の行き届いた環境のなかで生命の保持及び精神の安定」を担保しながら、「人格形成の基礎を育む重要な時期」であることを理解して、「人間形成の基礎的教育」をも受け持つという認識に大きく舵をきった。よって、3歳以上は、指針、要領、教育・保育要領においてできるだけ同じ「ねらい及び内容」になった。

従来「幼稚園」が「小学校教育の前段階」の教育を担っていたのと同じ内容を、保育所や幼保連携型認定こども園でも受けれることを目標とし、どの園に通っていてもほぼ同じ内容の幼児教育を受けて、小学校に入学することができることを可能にしたわけである。

全国のどの幼児施設に通っていても、小学校に入学する頃には、身につけておいてほしい、育っておいてほしい10の姿が「幼児期の終わりまでに育ってほしい姿」であり、とりわけ、3歳から5歳児後半に大きく伸びていく資

健康な心と体	自立心	協同性	道徳性・規範意識の芽生え	社会生活との関わり
思考力の芽生え	自然との関わり・生命尊重	数量や図形、標識や文字などへの関心・感覚	言葉による伝え合い	豊かな感性と表現

図6-1 「幼児期の終わりまでに育ってほしい姿」の10項目

質・能力である。それらは、5領域の「ねらい」に反映され、具体的に「内容」によって示されている。図6-1は、10項目を示したものであるが、「数量や図形、標識や文字などへの関心・感覚」と「言葉による伝え合い」「豊かな感性と表現」が、本章で最も関係深い項目である。しかも保育内容「言葉」から小学校「国語」へと繋がる基礎を育む大切な資質・能力である。

2 ── 現代生活と「ことば」の環境

現在の子どもの文字環境は、非常に恵まれている。生まれて間もなくから、語りかけてもらい、絵本を読んでもらう。家庭には新聞・雑誌・テレビ・情報機器（IT）などがあり、家族がそれらを使用している姿を見ている。街には文字や記号が溢(あふ)れている。このように恵まれた文字環境のなかで、子どもは自然に、記号や文字への関心をもち、3・4歳頃になると、遊びのなかであたかも読み書きができるかのように振る舞う。この活動をプレリテラシー（preliteracy）という。リテラシーとは、狭義では読み書きの能力を、広義ではそれを使いこなして社会生活を営む上で必要なさまざまな能力をさしている。プレリテラシーは、読み書き習得の最初の1歩であり、現代社会における豊かな「ことばの環境」によって低年齢化してきている。

幼児の読み書き能力に関しては全国的な規模で何回かの調査が行われている。国立国語研究所の文字調査では平仮名71字[※2]中、読める字の平均は、1953（昭和28）年の6歳児で34.8字であったが、1967（昭和42）年（村石・天野）では4歳児で33.5字、5歳児で53.0字と低年齢で読める字が増えている。1995（平成7）年（東ほか）では、3歳児で24.1字、4歳児で42.4字、5歳児で61.7字を示し、文字習得の早期化現象が指摘される。現在では、年長児のほとんどが文字を読め、書くことのできる文字数も増加している。

また、民間の新しい調査[※3]では、3歳児までの「協調性」の発達のなかで、自己主張を抑え、他者とのコミュニケーション能力を伸ばし、3歳児以降の

※2 平仮名71字
清音45文字、濁音（が・ざ・だ・ば行）20文字、半濁音（ぱ行）5文字、撥音「ん」1文字の合計71文字。特殊音節（拗音・促音・長音・拗長音）についても調査している。

※3 幼児期から小学校1年の家庭教育調査
ベネッセ教育総合研究所で行われた縦断調査。調査結果から考えられる幼児教育の方向性と、今回の改訂・改定で求められる教育内容に一致点が多いため、調査データは参考になる。

「順序立てて考える」「文字・数への興味・関心」へと発達し、それらの力は小学校での「思考の力」「学びに向かう力」に影響を与えているという結果がでた。これらの調査結果を踏まえると文字環境を整えることは重要なことである。4歳児で3分の1以上が自然に文字を覚え始めるわけであるから、保育者は3歳児のクラス後半期には、文字習得の準備をどのように展開していくか方針を立て、より豊かな文字環境の整備について考える必要がある。

「日常生活のなかのことばが使える」状態から、3歳児半ば以降は「文字」という便利な記号の存在を知り、それらの使われている世界で自由に遊ぶ楽しさを体験する環境を整え、指導することが求められている。

ほとんどの小学校「国語」教科書は、平仮名を覚える前の準備体操に、さまざまな言葉遊びが掲載されている。絵カードを用いたり、しりとりをしたり、同音異義語[※4]や同訓異義語を拾い出したり、畳語[※5]を集めたり、早口言葉を言ったり…。幼児教育では、その準備体操に相当する遊びを、子どものことばの発達に沿って存分にすればよいのである。

3 ── 文字習得の格差と問題点

文字習得の早期化現象のなかで、過熱する親の期待から、早期に文字を書かせたり、競争させたりするために起こる弊害がある一方、生活に追われて子どもとの時間があまりもてない親や、ネグレクト[※6]状態の子どもの増加などで、ことばの機能の理解や発達が十分ではない子どももいる。園では、そのような子どもに対して、より多くの機会を与え、豊かな言語体験を提供したい。環境や体験のなかで、多くのことを学んでいく時期であることをしっかり認識し、文字体験にかかわる格差を少なくする努力をしよう。

4 ──「文字等への関心・感覚」の育みが「学びに向かう力」へ

(1) 感覚を育む児童文化財

要領にあった「言葉に対する感覚」という文言が、指針、教育・保育要領にも加えられた。「…言葉に対する感覚を豊かにし、先生や友だちと心を通わせる」とも記されている。関連して内容の扱いでは「幼児が生活のなかで、言葉の響きやリズム、新しい言葉や表現などに触れ、これらを使う楽しさを味わえるようにすること。その際、絵本や言葉遊びなどをしたりすることを通して、言葉が豊かになるようにすること。」ともある。

「言葉に対する感覚」を豊かにするために、従来から行われていた豊富な

※4 同音異義語
　同じ音で意味の異なる単語のこと。例えば「橋、箸、端、嘴」「雲、蜘蛛」など。日本語は音の数が少なく、意味を表す漢字によって多くの意味を持つ単語があるから起こる現象。これらの特徴を使い、洒落や言葉遊びが古くから盛んであった。

※5 畳語
　上から読んでも下から読んでも同じ言葉。「トマト」「しんぶんし」「たけやぶやけた」など。これらも言葉遊びなどに用いられてきた。音韻に深く関わる。

※6 ネグレクト
　(neglect)
　「保護者の怠慢ないし拒否」と訳されるが、いわゆる育児放棄で、子に適切な成育環境を与えていない状態。虐待の一種。種々の程度の差があり、時には自覚のない場合もある。

児童文化財（絵本、紙芝居、ペープサート、パネルシアターなど）の活用もよいだろう。加えて、「言葉の響きやリズム、新しい言葉や表現などに触れる」という文言も新たに付け加えられた。これを具体的に実践するためには、ことば遊びや唱え言葉、音律の良い歌や詩、ことわざの暗唱や唱歌[※7]なども日本語の自然なリズムや感覚が身につくので積極的に活用したい。古来、口から口へと言い継がれ歌い継がれてきたことを、大切に口承していくのは、「日本文化や伝統に親しむ」という意味でも意義深い。グローバルな世界を生きていく子ども達にとって、身に染みついた大きな財産となるだろう。

※7　唱歌
　かつて学校教育の「唱歌科」教育のために作られた。読本（国語）とも密接に連動しており、当時の標準語普及のためにも活用されたため、日本語のイントネーションが正しく覚えられ、美しい和語も残されている。

(2) 豊かな感覚と生活体験が育むもの

　隣接領域の「表現」では「生活のなかでのさまざまな音、形、色、手触り、動きなどに気づいたり、感じたりするなどして楽しむ。」という項目に、「形、色」が加わった。また、内容の取り扱いの「豊かな感性は身近な環境と十分かかわるなかで養われ」ていくという文脈のなかで、「風の音や雨の音、身近にある草や花の形や色など自然のなかにある音、形、色などに気づく」ようにする、と具体的な例があげられ説明されている。これは保育内容「言葉」とも深く関連する。

　例えば、「さら、さら」と「ざら、ざら」の感覚的な違いを、実際に触って体験したり、絵本『ぴちゃん・ばしゃん・ざぶーん』[※8]に描かれているような水のなかに何かが落ちたときの音を聞き分けたり、水しぶきの様子や状況などを実際に体験しながら「ことば」と結びつけることができるのも幼児期ならではの生活体験である。これらの豊かな生活体験と結びついた豊富な語彙をもった子どもは、小学校で実際に「さら、さら」と「ざら、ざら」を書いたとき、字形としてはほぼ同じで、濁点がついているだけであるのに、感覚としては全く違うことを体で知っている。これらの体験の豊かな子どもと、貧しい子どもの差は大きい。豊かな生活体験の積み重ねこそが、「豊かな感性と表現力」や「言葉による伝え合い」を育み、小学校以降の「学びに向かう力」の基礎になるのである[※9]。

※8　『ぴちゃん・ばしゃん・ざぶーん』
中林影作　福音館書店
1984年

　視点を変えると、日常の生活のなかで、感覚を鋭く研ぎ澄ませ、感じたことを「ことば」として表現するとき、友達の表現を聞き、自分の表現との違いを楽しむことができる。この行為こそが「幼児期の終わりまでに育ってほしい」とめざす「伝え合う喜びに」通じ、それぞれの感覚の違いの発見からそれぞれの「個性」への発見、そして人間として認めあうことができ、「生命を尊ぶ人間性」につながるのである。

※9　小学校との連携
　小学校の国語教科書『あたらしいこくご　上』（東京書籍）では、「ふたとぶた」で「ぴりひり　ぴりぴり　ぴりぴり」が取り上げられている。

5 ── 幼児教育と小学校教育の連続性の強化

(1) 円滑な接続と連携のために

　2008（平成20）年改訂の要領と指針の改定の特色の1つに、保幼小の連携があげられ、保育内容「言葉」と関係深い小学校国語では、「生きる力」の基礎学力として国語の充実がめざされた※10。指針では、新たに「情報共有や相互理解」の積極的な連携が求められ、「子どもの生活や発達の連続性」が重視された。また要領でも、「小学校以降の生活や学習の基盤の育成につながることに配慮し、幼児期にふさわしい生活を通して、創造的な思考や主体的な生活態度などの基礎を培う」と明記されていた。

　今回2017（平成29）年の改訂では、幼児教育と小学校教育への連携がより一層強化されている。既に、幼稚園教育が、小学校の生活や学習の基盤育成につながることが明言されていたので、指針、要領、教育・保育要領の3歳児以上の「ねらい」及び「内容」の統一化によって、すべての幼児教育から小学校教育への連続した教育の姿勢が重視され、小学校教育への円滑な接続が図れることが望まれている。

　これらの連続したカリキュラムを念頭に置いたとき、「生活体験と遊びの時間」が十分に確保された幼児期に、豊かな体験ができてこそ、小学校の基礎的な学びの姿勢や粘り強く努力する力、そして仲間とともに行動でき互いを尊重しあえる協調力、想像力から創造力へと伸びていく力が育っていく。それらは、単に「ことば」にかかわる体験だけではない。

(2) 幼児期特有の「遊び込み」の意味

　幼児期において、長い遊び時間が確保されるということは非常に重要な意味をもっている。子どもは何度も同じ行為を夢中でする。

　3歳頃になって、はさみを持たせると、来る日も来る日もはさみを持って紙を切っている。最初はただ切る行為そのものに没頭しているのだが、そのうちに、広告や雑誌の絵を上手に切り抜く。やがて見本などを与えると、複雑な切り絵や、連続模様などが作れるようになる。考えたり、工夫したりしながらあきらめずにやり遂げることで、達成感を味わい、自信をもって行動できるようになる。すると、もうはさみは必要なとき以外は手にしない。

　新聞紙の剣づくり、泥団子づくり、トンネルづくり、積み木、ブロック、独楽回し、縄跳び、鉄棒など、さまざまな遊びが夢中で展開される。何かが「できた」とき、子どもの内部では、ある機能が発達、熟達し、「やり終えた」達成感が精神的な充実を与え、自立心が芽生える。遊びや生活体験のな

※10　国語の充実
　授業時間が大幅に増加され、国際社会で活躍するために日本語における言語能力はもちろん、英語においても積極的なコミュニケーションを図る態度の育成がうたわれている。

かで、達成感を得るまで遊ぶ、いわゆる「遊び込み」によって、幼児はあらゆる機能の基礎を発達させていくのである。

　知識が記憶されるように、運動のパターンも記憶される。遊びの中のさまざまなモジュール[※11]が、総合され、応用されて小学校の「学ぶ力」につながる。だからこそ、幼児期にしかできない教育というものがある。一輪車や自転車が子どもの頃に乗れないと大人になってからでは乗るのが難しいように、幼児期に十分な生活体験や「遊び込み」をしていないと、そのときに獲得されるべき機能や能力の芽生えや育みは難しい。

※11　モジュール
　（module）
　システムを構成する部分で機能的にまとまった部分。ユニット。

(3) 小学校「国語」におけるつまづきの原因

　小学校の授業では、科目によって一定時間座っていられるだけの体力と集中力、先生の指示や友だちの発言をしっかり聞く力、自分の意見を相手にわかるように話す力、語句や文章の順序を考えて組み立てる力など総合的な能力が必要とされる。それらの力の前提が、幼児期の豊かな「遊びや生活体験」のなかで育まれており、それが「幼児期にふさわしい生活を通じて」「小学校以降の生活や学習の基盤の育成につながる」のである。

　例えば、小学校の「国語」で、うまくできない点、そのままにしておくと「つまづき」の原因になると思われる点をいくつかあげてみよう。
　①発音が不明瞭で、話し方に一語文が多く、文末が明確でない。
　②筆圧が弱く、鉛筆が正しく握れない。
　③もののとらえ方が曖昧で、特徴や状態をとらえた話し方ができない。
　④形の認識と向きの観念に乏しく、正書ができない。

　これらは、就学前の「ことば」の指導とどのようにかかわっているのか。①については、発声や口形指導、話し方（基本文型）指導の不足、②は指先や手の運動と線引きの能力が十分発達していない、③は観察が十分できない、自分の見たことや感じたことを適切な単語を選択して文章として順序正しく表現できない、④は図形認識や空間認識の能力が十分発達していない、などの原因が考えられる。

　不足している能力は、幼児期の「遊び込み」で充分に発達する能力である。むしろ無理な早期教育や、時間の分断（「早く」と急かす、遊びを止めさせる）による集中力の途切れ、忍耐力を支えるだけの体力の無さなどに起因しているのではないだろうか。このように考えていくと、小学校への連続性とは、単に小学校教育の先取りではなく、幼年期の発達の特色を十分に踏まえ、より豊かな発達への基礎を築いて、小学校教育へとつなげていくことにほかならない。

第2節 ● 幼児期に育む文字習得の前提となる能力

1 ── 記号や文字への気づきと関心
－「わたしの印」から「意味ある記号」へ－

　保育所の低年齢児クラスでは、靴箱や整理棚につけられたクマやリスの絵などが「わたしの印」として意識されている。3歳頃になると、その絵の隣に書かれた名前も「わたしの印」であることに気づきはじめる。「わたしの印」である名前は、鞄や靴や洋服やパジャマなど、自分の持ち物の全てに書かれており、文字が何かを意味することに気づく。したがって、子どもが文字に興味を持ちはじめる最初は、自分の名前からの場合が多い。お母さんの名前、家族の名前、友人の名前を、1つずつ拾い読み[※12]していく。

　文字が意味をもつ固まりであると気づきはじめる少し前の時期、子どもたちは「何かの印」に出会い、わずかなサインや記号を見逃さずに弁別できる能力が育ちはじめる。

2 ── 記号の意味とグローバルな視点

(1) 記号の役割への気づき

　2歳後半から3歳頃になると、自分の使う玩具や道具を取り出したり、片づけたりできるようになり、必要なものを的確に取り出すことができる。例えば、並べられたCDや絵本の列から、見たいものを取り出すことができる。大人の場合は背文字を見て選び出すが、字の読めない子どもにどうしてわかるのだろう。質問すると「ここに、ちょっと、ピンクが、ついているの」「どうよう、って書いてあるんだよ」と、教えてくれた。もちろん「童謡」という文字は読めないから、全体を絵のようにして覚えているのだった。つまり、わずかなサインや記号を見逃さずに弁別できる能力が育っているのである。その能力は、4歳、5歳と年齢が上がるにつれて発達し、特に好きなものに対して、驚くほど鋭い洞察力と記憶力を発揮する。この力を、生活の決まりや社会のルールとして「社会生活とのかかわり」のなかで上手に育むことは重要なことである。

※12　拾い読み
　文字を読みはじめの頃に1字1字を指さしながら読んでいくこと。文字を読むこと自体に集中してしまい、文意を理解できるとはいえない。しかし、一所懸命1つの文章を読むことによって、ゆっくりでも集中して、何かをやり遂げるという強い意志が育つ。

←自治体によって図柄が異なるので注意する。

図6-2　さまざまな記号

(2) 記号を活用する体験をさせる

　記号は、大雑把ではあるが、一目で「一定の意味」を多くの人に伝えることができる。例えば、信号や地図記号や道路標識などの役割に気づいたり、できれば簡単で的確な説明をつけて、自らの必要性に基づいてこれらを活用できるような体験させることは非常に有益なことである。特に、お手洗い、非常口、子ども緊急避難所、障害者の使用するマークなど（図6-2）は、教えておきたい。お散歩の途中で、郵便局の「〒」、あるいは病院の「✚」の印を見つけたり、看板のある店で食事をしたり、さらに、コンビニエンス・ストアーではいろんなものが買えるだけではなく、迷子になったときに連絡をしてもらったり、お手洗いも使用できる所であるという体験もさせておくとよい。

　このような体験は、自分の通ってきた道の目印を記憶し、いつもの道の変化に気づく能力を養う。また、看板や記号が意味する内容、つまりデフォルメ（変形）された図形が、伝達する内容を推理する力を身につけさせる。この力は、近い将来必ず漢字を学ばなくてはならない日本の子どもたちには必要な能力である。漢字が意味をあらわす文字記号であること、その基本的なものには象形に由来するものが多く、偏（へん）と旁（つくり）の組み合わせによって多くの意味を表現できるという特性を、理解し使いこなさなければならないからである。

(3) 記号から文字への広がりをグローバルに考える

　記号を読み解く力や、逆に具象を記号に変える（シンボリックする）力は、人間特有の知的な作業にかかわる能力であり、幼年期に十分に発達させてお

きたい。グローバル化した情報社会を生きる子どもたちは、その手段が多様にあることを知り、活用しなければならない。例えば、コンピュータは0と1のみによって、複雑な計算をし、記憶する。モールス信号も、点と棒によって意味の伝達ができる。文字には、漢字や平仮名・片仮名以外にもアルファベットやハングル文字などがあり、点字もある。絵文字・絵記号（ピクトグラム、ピクトサイン）・顔文字のようなものもある。さらに書かれたものだけでなく、手話や指文字のように、体の一部を使って伝達することも可能である。既成の文字だけではなく、新たな方法で人類は宇宙にもメッセージを発信している。

コミュニケーションには、言語による場合と非言語[※13]による場合がある。幼児期には両方の方法を豊かに体験させ、発達させることが重要である。

保育者は、グローバルな視点に立って、環境構成を行い、幼年期にしかできない教育がいかなるものであるかを自覚しなければならない。小学校に入って「日本語」という固有の言語に限定される前に、さまざまな表現手段があり、さまざまな言語があることを知り、自らもそれらの方法を使って、表現できるということを体験させることこそ肝要ではないだろうか。

3 ── 記号や図象で遊ぶ

生活のなかで、記号や標識の役割に気づき、実際に設置されている場所で確認したり、写真を見ながら話し合ったりすることは大切なことである。

五味太郎の『さんぽのしるし』[※14]は、次々にいろいろな創作された標識が出てきて、予測していく楽しみが味わえる絵本である。『ぐりとぐらのかいすいよく』から、「お手紙ごっこ」や「宝探しごっこ」へ発展することも多い[※15]。宝探しや謎解きは、年長児には楽しい知的な遊びなので、手づくりのポストや手紙セット、宝箱や宝の地図を書く古そうな紙や布など、創作の助けとなる材料を揃えたり、古切手の再利用の方法を教えたり、世界地図や宝の地図の見本などを置くなど、工夫して環境構成するとよい。紋章・国旗・記号・数字・いろいろな字形にどんどん触れさせると、異なる文化に触れ、国際理解の意識が養われる。子どもたちは、鋭い洞察力を発揮して、仲間集めをし、法則性を発見するうちに、自分たちの紋章や旗を作り、合い言葉となる記号や文字を作り始める。彼らの夢と創造性は、遊びのなかで大きく膨らんでいくのである。

年長児では、おままごとの発展した形で、お店屋さんごっこが盛んになる。ここでも、ものの名前（商品）の絵と文字、値段と数字が使用されながら遊

※13 **非言語によるコミュニケーション**
表情や身振りなど、ことば以外の方法で自分の意志を知らせ、コミュニケーションを取る方法。私たちは、握手する、抱き合う、なでる、指でサインを出すなどさまざまな方法を使っている。言語が未発達な子どもは非言語による頻度が高い。

※14 『さんぽのしるし』
五味太郎　福音館書店　1986年

※15 地図・宝探しが楽しめる絵本

なかがわりえこ作やまわきゆりこ絵『ぐりとぐらのかいすいよく』（福音館書店　1976年）

瀬田貞二作　林明子絵『きょうはなんのひ？』（福音館書店　1976年）

びが展開する。

このように記号や図象を積極的に使う楽しさ、創造する醍醐味を存分に体験させたい。

4 ── 文字を読む・書くためのレディネス

(1) 記号から文字への気づき

記号遊びをするなかで、抽象化された記号の意味や、メッセージ性が理解でき、書かれたものを読む楽しみや、自分のメッセージを残す楽しみが増大してくる。そのような遊び体験を通して、一定の約束にしたがった文字の便利さに気づくのである。文字は、極端に様式化された結果、絵を描くよりも速く書くことができ、しかも記号よりもより細かな内容を、すべての人に伝えることができる手段であることが理解できてくる。

園でのお手紙ごっこでは、受取人に書かれた内容を説明しに行けたけれども、遠方の「おじいちゃん、おばあちゃん」に出す手紙はそうはいかない。先生や家族が文字による説明をつけてくれる行為や、封筒の表書きをしてくれるという現実的な体験から、文字の便利さや公共性を理解していくだろう。そのとき、子どもは心から「文字を覚えたい」「文字を書きたい」と思う。心の底から湧き上がる衝動こそが、子どもの発達を促すのである。

(2) 文字を覚えるためのレディネス

現場のベテランの保育者が、「平仮名なんて、覚え始めると3日で覚えてしまう」と言うのをしばしば耳にする。図6－3を見ると、幼児は平仮名を20字覚えている子と60字覚えている子が圧倒的に多いのが読み取れる。これは、20字を覚えたら後は急速に60字まで覚えてしまうということである。すなわち、平仮名は覚え始めると、短時間で覚えることができる。つまり、ベテランの保育者が「3日で覚えてしまう」と言う通りなのである。しかし、そこには、いくつかの覚えるための発達上の条件が整っていなければならない。文字を覚えるためのレディネスが必要なのである。レディネスの重大なものには、次の4点があげられる。

　　レディネス①文字の働きに気づく：文字は何かを伝達していることを理解
　　　　　　し、その伝達手段を使いたいという意欲がある。
　　レディネス②音節の分解ができる：語を構成している音節（拍）の分解が
　　　　　　でき、その音節を取り出せる。
　　レディネス③上下左右の認識ができる：文字の向きを認知する能力、つま

第6章 ● 3歳児以上の文字環境と小学校「国語」への連携

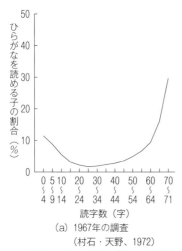
(a) 1967年の調査
（村石・天野、1972）

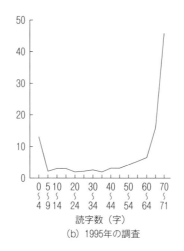
(b) 1995年の調査

図6-3　幼児（4、5歳児）はどれくらい読めるか（東他、1995）
資料：甲斐陸朗(監修)・松川利広・横山真貴子『ことばの力が育つ保育』より

り上下・左右の違いが認識できる。
　レディネス④手指の運動機能を高める：正しく鉛筆を持ち、スムーズな運
　　　　　　筆ができるように、腕や肩の筋肉が発達し、細かい作業がで
　　　　　　きるように指や手首の感覚が統合されている。
　これらの準備が十分に整っていないのに、平仮名を書かせたりすると、悪ぐせがついたり、誤って覚えたりする弊害も起こり得る。
　小学校になると平仮名・片仮名を短期間で覚えさせるので、「小学校になってから覚えさせていては遅いのではないか」と心配する保護者や、「平仮名の読み書きが、かしこい子のバロメーター」と思っている保護者がいることも現実ではあるが、先にも述べたように、平仮名という記号体系を書かせることよりも、文字を覚える準備を十分にすることの方が重要なのである。それは、多くの場合、楽しみながら「遊び込む」ことによって育つ。幼児期後半の夢中になって遊ぶ時間のなかで、興味あることに集中し、試行錯誤することが、小学校での「学びに向かう力」「思考力、判断力」へと育っていくのである。幼児期にしかできない総合的な能力の開発や発達があるので、目先の限定された文字体系（平仮名）を書くという行為にこだわらない方がよい。

5 ── 読み書きのレディネスの実際

　文字を読む・書くためのレディネスについて具体的な指導の方法を学んでみよう。

(1) レディネス①文字の働きに気づく

　豊かな文字環境により子どもの文字に対する興味は、早くから育っている。言葉を豊かにするための教材はいろいろあるが、直接文字を見ることのできる絵本は、大好きなお話の世界への架け橋が文字であることに気づかせる。無限の想像の世界への興味とともに、文字という不思議な記号の存在に気づかせ、その働きを意識させる最良の教材である（絵本の本来の目的が、そこにあるわけではないが）。

　それまで、絵本を見るとき、めくることを楽しんだり、絵を中心に見ていた子どもが、やがて、物語や書かれている内容に注意を向け、熱心に聞くようになる。さらには、時間に急かされ、少し省略して読むと「ちゃんと読んでよ。そこは○○○と書いてあるでしょう」と指摘したり、「絵本を読んであげる」と言いながら、まるで読んでいるようにそらんじたりできるようになる。

　会話を楽しんだり、豊かな絵本体験をした子どもは、自然にことばや文字に関する能力が発達し、プレリテラシーが開始される。そして、絵本のなかのフレーズを覚えて使ったり、長い文章をそらんじたりできる。時には「読んでもらう」という受け身の立場から、「読んであげる」という能動的な行動になる。そして、文字を覚えるレディネスが整ったとき、ほんとうに文字を読んでいくことができる。レディネスは相互に関連し合いながら育っていくので、「まるで読んでいるような」（絵本が逆さまだったりするのでわかる）頃から、「ほんとうに読める」ときが来るまでに、さほど時間はかからない。

(2) レディネス②音節の分解ができる

　仮名文字を習得するには、語を構成している音節（拍）の分解と、その音節を取り出せる「音韻的意識※16」が必要である。平仮名は、表音文字であるから、1音は1字で表現されることを理解し、「く／ま」「ね／こ」に分けることができ、「うさぎ」の真ん中の音節は「さ」であることが理解でき、「さ」を取り出すことができなければならない。

　初めて文字を学ぶとき、日本語は、ほかの言語に比べて学びやすい。その理由は、1字に1音が当てはまり、特別な場合を除いては、どの文脈においても「あ」と発音するものは「あ」と書けばよいからである。しかも、文字の名前は対応する音と同じである。したがって、ことばを音節に分解できると、音の通り平仮名を書いていけば、一応は文章が書ける。

　発音には、1音1音に合わせて発声器官を動かす音声と運動の協応機能が必要になる（天野清 1986）。小学校では、「読むこと」という大項目が立て

※16　音韻的意識
　　　（phonological awareness）
　連続した音を文字単位に分割し対応させる意識のこと。単語を音韻に分ける音韻分解と、音韻を取り出して言う音韻抽出からなる。日本語では、平仮名が音節（拍）に対応するので、音節分解、音節抽出となる。

※17　あいうえおの歌
　「あひるの　あかちゃん　あいうえお。かきねの　からたち　かきくけこ」と続く歌。

※18　文字の絵本

やまもともりひさ文『もじのえほん　あいうえお』(あかね書房 1974) は、村上つとむの独特の絵が印象的な絵本。他にも文字の絵本は多いので活用しよう。

られ、大きく口を開いてはっきりと発音できることが求められる。「呼吸運動」「舌の運動」「口の開閉運動」「口形づくり」等が、しっかりできていないと明瞭に話せないし、読むこともできない。単語を音節に区切って、一つひとつ音節をきわだたせるように意識して正しい発音ができるようになることは大切である。「なんて書いてあるの」と聞かれたときは「これはね、"り・ん・ご"、って書いてあるの」と、意識して説明する。「あいうえおの歌[※17]」などを歌いながら、母音の口形指導をするとよい。子どもたちは、唱え歌や韻を踏んだことば遊びの歌が好きなので、「あひる あるいた あめのなか」「あいつ あきれた あばれんぼ いじわる いっぱい いじめっこ」など文字の絵本[※18]のフレーズを、週ごとに壁に貼って唱えていくと自然に「あいうえお」に親しむことができ、発音もはっきりしてくる。美しい詩や、意味のわかりやすい俳句の暗唱も有意義である。

遊びのなかでは、しりとり[※19]や、同じ頭音をもつ語を集めたり、音節ゲーム[※20][※21]を実践したりして、音節を取り出せるように導いていく。

(3) レディネス③上下左右の認識ができる

文字を識別するために図形の弁別能力が育っていることは基本条件である。図形は左右対称のものが多いが、文字は左右対称になっていないので、反転させる（鏡映文字）と同じ文字としては認識できなくなる。片方ははねるのに、片方は払ったり、とめたりする。上下左右の細かな点まで見落とさない観察力や、それらの方向を認識する能力が必要となる。

そのために、普段の遊びのなかでも、体を十分に動かし、上、下、前、真ん中、後、真直ぐ、曲がる、左、右、縦、横、斜めなど、方向や位置に関することばを知らせて、正しく使えるようにさせる。例えば、一列に並んで「頭の上からボールを後ろの人に渡しましょう」「またの下をくぐらせて」「横から」「右から、次の人は左から…」などと違う条件でボールを渡していく。このとき「上、上、上…」「下、下、下…」と唱えさせながら行う。ダンスを覚えるときも「右、左、ちょん」などと説明しながら、一緒に唱えさせるとよい。ことばで表現しながら体を動かすので、口や目の動きと手足の動きの連動が図られる。

上下・左右の位置関係の認識が十分に備わっておらず、目と手の連動が未発達なために、鏡に映ったような左右が逆の「鏡映文字」や上下が逆転した「逆さ文字」を書く子どもがいる（図6－4）。見つけたときに「あれ？右と左が逆になっているよ」と軽く指摘し、正しい字形を見せたり、手を添えて一緒に大きく書いたり、正しい筆順で書いて見せたりすると直る。また、

土田義晴『ことばえほん』グランまま社 1992年

[※19]
「しりとり」を題材にした絵本もある（p.61参照）。しりとりに慣れてきた頃に親しみたい。

[※20] 音節ゲーム①
ゲーム「いぬ・ねこ・うさぎ」：ゲームの親が「い／ぬ」と言うと、子は「い」で右膝を打ち、「ぬ」で左膝を打つ。2音節の語を次々に言い、慣れてきたら「う／さ／ぎ」のように3音節の語を混ぜていく。3拍目は右膝の上に手の平を上に向けて置く。4拍目は左膝の横へ。5拍目は右肩、6拍目は左肩へ。テンポよくすすめて楽しもう（筆者案）。

[※21] 音節ゲーム②
ゲーム「いぬの仲間、うさぎの仲間、ライオンの仲間」：円を描き、2音節の円（いぬ）、3音節の円（うさぎ）、4音節の円（ライオン）と決めておいて、単語を聞いたら音節に合わせて適切な円のなかに入る（筆者案）。

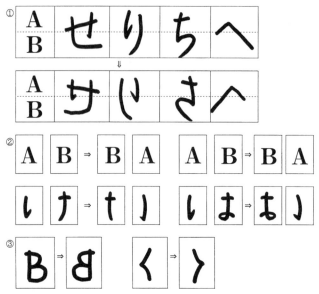

鏡映文字になりやすい字形は、
①1つの字形を上下に分割したとき、上部に左右対称の形がある場合。
②1つの字形が左右に分離している場合。
③1つの字形が単純な左右非対称の形の場合。

図6-4　鏡映文字の例
資料：一色八郎『幼児の手の発達と文字の指導』を参照に和田典子作成

　腕全体を使って空に書かせる練習をした後に、鉛筆を持たせて書くのも字形を体で覚えられてよい。直らなくても認識能力が発達してくると自然に治るので、強いて直さなくてもよい。それより、喜んで字を書く行為を大切にしたい。

(4)　レディネス④手指の運動機能を高める

　鉛筆を上手に持って、運筆できるためには、鉛筆がらくに握れ、なめらかに描けるように、指先、手首、肩の運動機能の発達と連動が必要である。手や指の動きだけをとり出すのではなく、心身の諸能力が全体としてバランスよく成長し、発達するような遊びを楽しませよう。拍手をする、太鼓をたたく、ボール遊び、積木遊び、ブロック遊び、粘土遊び、砂遊び、縄跳び、雲梯など、「遊び込む」ことによって身体機能を発達させていく。特に指遊び・手遊びは種類も豊富なので積極的に楽しませる。お手玉、あやとり、将棋遊び（将棋とり、将棋倒し）、おはじき、切り紙、折り紙などの伝統的な遊びも、文化を伝承するという点からも積極的に取り入れたい。

(5) 個人差があることに注意する

以上のように文字を読んだり書いたりする条件が整ってくると、4歳頃から仮名文字を読めるようになるが、個人差が大きく、5・6歳になってからの子もいる。

たいてい、就学前の年末からお正月にかけての遊び、独楽回し[※22]やカルタ取り、卒園が近づいての小学校への準備などのなかで、ほとんどの子どもが、平仮名の読み書きができるようになっていく。

しかし、文字に全く興味を示さない子どもがいる場合、発達過程に問題はないか、自分を表現したいという思いが少ないのか、など多角的に観察して原因を考える必要がある。些細なことが原因の場合もあるし、時には、病気や発達に障害のある場合[※23]もあるので注意したい。文字が書けないことが問題なのではなく、文字に対する興味がないことや、書くためのレディネスが整っていないことが問題なのである。

第3節 ● 文字環境を整える

子どもは自然に文字の読み書きを学ぼうとする。そのときに、間違った字形や筆順を覚えてしまったり、正しくない鉛筆の持ち方や書く姿勢が身についてしまったりすると、小学校での矯正に時間を要することがある。したがって、最初から正しい学びができるように、文字環境を整えることは大切である。自然な形で生活のなかや遊びに取り入れられるようにしたい。本節では、豊かな文字環境を整えるための基本的な事項を紹介する。各クラスの創意工夫によって、よりよい文字環境に仕上げてほしい。

1 ── 文字を見せる

大きく正しく書かれた文字を「見せる」ことは重要なことである。以下のことに注意して、文字環境を整えよう。

①園名、組名、担任名、日付などは、はっきりと正しい文字で書いておく。
②靴箱、ロッカー、誕生表、持ち物などに記す園児氏名は、マークとともに正しく書く[※24]。
③実習生や引っ越した園児などからの便りは掲示して見せる。そのとき、漢字には読みを平仮名で振る。読んで聞かせる。

※22 独楽回し
　ひもを巻くのに指先の力と器用さが必要で、投げる時に腕・肩・手首の力とひねりも必要なので、遊び込むことによって、運筆に必要な運動機能が発達する。

※23
　明らかな精神遅滞や知的障害が見られないにもかかわらず、読み・書き・数認識など部分的に発達の障害が見られる場合がある。
　例えば、健常児でも長時間のテレビの視聴やネグレクトなどによる長時間放置などで人間関係が結べない、言語体験が少ない場合には、言語の遅れが生じることがある。また、運筆訓練を嫌がる、線引きがどうしてもゆがむ場合など目の疾患によるものもある。

※24
　最近は、片仮名で表記する名前も増えてきているので、正しく書く。例えば「り」と「リ」、「へ」と「ヘ」など。片仮名は、平仮名に改めなくてよい。そこから片仮名や文字への多様性へ興味関心がわく。

○の位置で上下が分かる

図6−5　文字カード

資料：和田典子作成

図6−6　実際の文字カードの利用例

④作品には氏名や題を記す。園児のコメントも代筆して書き添える。
⑤掲示写真や絵画などには、題名や簡単な説明を記す。
　以上のようなことを心掛けて、自然に文字の働きに気づくように環境を整備する。
　毎日の生活のなかでは、日付、当番園児氏名などは、子どものいるときに書き順を見せながらゆっくり書いたり、文字カード[※25]をつくり、当番園児にかけさせたりする（図6−5、6−6）。パネルシアター用のPペーパーで作ってもよい[※26]。
　年長児クラスの「朝の会」では、今日の話題や日課の予定など、「終わりの会」では、連絡事項や持ち物を、大きく書きながら説明する。「10月（じゅうがつ）5日（いつか）えんそく。いきさき：どうぶつえん」など、子どもたちが楽しみにしている予定も書き出しておく。

※25　文字カード
　厚手の四角い紙に、平仮名を1字ずつ書く。裏に板マグネットをつけ、ホワイトボードなどに貼れるようにする。紙の上に穴を空け（穴で方向がわかるように）、5枚ずつ掛けて収納する。

※26　Pペーパーで作る文字カード
　「平仮名いろいろぺったんこ」（前田敬子案）は50音表作り、文字並べなどのさまざまな遊びに活用できる。お当番表にもしてもよい。

2 ── 用具の準備

室内、特に子どもが文字を読み書きする場所の明るさが十分かどうかを確かめておこう。次に、揃えておきたい用具について学ぼう。

(1) 黒板、ホワイトボード

字を見せるとき、黒板やホワイトボードを活用しよう。黒板やホワイトボードは、子どもの目の高さを考慮し、よく見えて、使える高さにする。できれば、字を見せるための黒板（先生が書く）と、子どもが自由に使える黒板は、区別する方が望ましい。

いろいろな色のチョークやマーカーを揃える。日付や当番園児の氏名を書く以外にも、子どもに文字の書き方などを聞かれたとき、場合によっては読みながら、文字と対応させて大きく書いて見せることもできる。複雑なもの、わかりにくいようなものは、書き順を知らせることが理解を助ける。絵描き歌などの場合にも利用できる。

チョーク、マーカーの使い方・消し方・使うとき・使った後の始末、友だちが書いたものの扱いなどについて考えて、話し合いをしながら教え、子どもにも使用させる。

(2) 机と椅子

よい姿勢で絵や字を書くことは大切なことである。幼児は、遊びとして絵を描くので、床の上で字を書くこともあるが、机や椅子を用意して字を書くためのコーナーを設定し、正しい姿勢で書くように習慣づける。机の前に、運筆表（図6-7）、正しい姿勢や正しい鉛筆の持ち方を描いた絵（図6-8）などを貼っておくと、自然に真似をする。

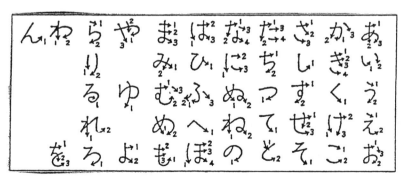

図6-7　運筆表（ひらがなの筆順）

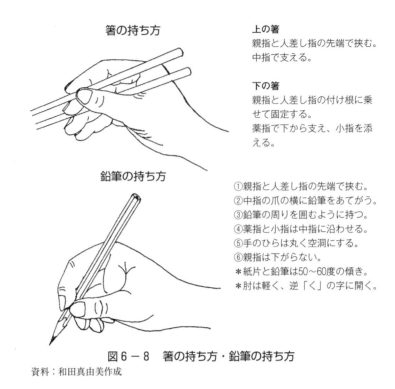

図6−8　箸の持ち方・鉛筆の持ち方
資料：和田真由美作成

(3) 筆記用具

①鉛筆、色鉛筆、フェルトペン

　フェルトペンはいろいろな色のペンで、芯の大きさも各種類揃えるとよい。鉛筆はBや2Bの書き方鉛筆と、消しゴムを用意する。手動の鉛筆削りを置いておくと、回すのが楽しいようで、自分で鉛筆を削るようになる。

　使用時の注意事項を①鉛筆を友だちの前で振り回さない、②持ったまま歩かない、③鉛筆を投げると危ないなど、話し合いながら学ぶ。

　鉛筆の持ち方と箸の持ち方とはよく似ている。親指、人差し指、中指を使って鉛筆を持つ場合の位置を考えて、力を入れずに自然に書きやすい持ち方ができるように指導する。

②紙

　無地の大・中・小、数種類の大きさの紙を用意しておく。大きな方眼紙、大きな横罫紙、縦罫紙等。葉書や往復葉書ぐらいの大きさに切った紙も用意する。また、文字を書き始める子どもがいたら、運筆用の用紙[※27]を用意する。

※27　運筆用の用紙
　一色八郎は『幼児の手の発達と文字の指導』（黎明書房　1985年）の中で「鉛筆のハイキング（出発点と終点を決め途中線が途切れないように書く）」から始まる24通りの線遊びを紹介している。参考にして、印刷したものを、箱などに入れて自由に使えるように置いておくとよい（図6−9参照）。

第6章 3歳児以上の文字環境と小学校「国語」への連携

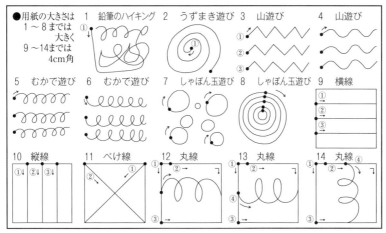

図6-9　運筆用紙(線遊び)※28

資料:一色八郎『幼児の手と道具』を一部改変

※28　線遊びの実践例
　Ａ４の用紙に10cm四方の枠を作り、枠に始点と終点を付け、上に見本を描いておくとよい。

線遊びの応用
　線遊びを応用して、子どもが楽しく線遊びができる運筆用紙を作ってみよう。
【ポイント1】
できるだけ繰り返して運筆練習ができる子どもの好きな絵柄を考えよう。
　(例:船とたくさんの波、たくさんのカタツムリの渦巻きなど)
【ポイント2】
筆順を示す始点(●)―終点、描く方向(→)を明確にする。
【ポイント3】
描く方向は、円の場合、平仮名に従い、右回りに矢印を付ける。
四角の場合、一筆書きで円を描いて始点に戻るのではなく、漢字の「田」「国」の書き順に従って始点―終点を分け、番号をふる。
＊筆順を示す始点―終点の番号は子どもが理解できる範囲(①～⑤程度)に抑える。
＊線遊びをした後は、色を塗って楽しもう。

●「第6章」学びの確認
①文字を「読む」「書く」の前提となる機能の発達の主なものを4つあげてみよう。
②①の機能を育むために、どの様なことが必要で、具体的にどんな遊びが考えられるか話し合ってみよう。
●発展的な学びへ
①楽しく文字指導ができる遊びを考えてみよう。
②子どもが楽しめるオリジナル運筆用紙を作ってみよう。
③子どもが書いた文字の扱いはどうすればよいだろう、話し合ってみよう。

引用・参考文献

1）文部科学省「幼稚園教育要領」2017年
2）厚生労働省「保育所保育指針」2017年
3）内閣府・文部科学省・厚生労働省「幼保連携型認定こども園教育・保育要領」2017年
4）東洋ほか「幼児期における文字の獲得過程とその環境的要因の影響に関する研究」『平成4～6年度科学研究費補助金（総合研究A）報告書』1995年
5）ベネッセ教育総合研究所「幼児期から小学校1年生の家庭教育調査（縦断調査）」2016年
  http://berd.benesse.jp/jisedai/
6）天野清『子どものかな文字の習得過程』秋山書店　1986年
7）一色八郎『幼児の手の発達と文字の指導』黎明書房　1985年
8）大久保愛・長沢邦子『保育言葉の実際』建帛社　1999年
9）甲斐陸朗監修　松川利広・横山真貴子『ことばの力が育つ保育』保育出版　2005年
10）国立国語研究所（村石昭三・天野清）『幼児の読み書き能力の発達』東京書籍　1975年
11）しおみとしゆき（汐見稔幸）『幼児の文字教育』大月書店（国民文庫）　1986年
12）和田典子「小学校『国語』への連携と幼児期の文字指導について―小学校学習指導・幼稚園教育要領・保育所保育指針の改正を踏まえて―」近畿医療福祉大学　第9巻第1号　2009年
13）和田典子「小学校『国語』教科書に学ぶ幼児教育の「言葉」教材―言語コンピテンシーの獲得援助と言葉教材の実例―」『姫路大学紀要』第10号　2017年

第7章 ことばの発達についてどのような課題があるか
―現代社会と保育―

◆キーポイント◆

　近年、子どもを取り巻く社会状況は大きな変化をみせている。長年続く不況の影響で、生活が苦しい世帯が多く、女性の社会進出による晩婚化に伴い、少子化は加速している。また子どもを巡る犯罪も多く、安心して子育てを行うことが困難な社会ともいわれている。一方で、保育所への入所児は増加し続け、待機児童対策のためのさまざまな子育て制度が打ち出されている。さらに、多文化共生社会により、保育所および認定こども園での外国人児童も増加している。加えて、携帯電話やインターネットの普及による急速な情報化は、子どもたちの「ことば」の発達にどのような影響を与えるのだろうか。

第1節 ● 期待される子育て支援

1 ── 子育て支援とは

　保育所は、家庭での保育に欠ける乳幼児を措置する施設であり、家庭養育の不足している部分を補完する役割をもっている。そのため、家庭と協力しながら保育（教育＋養護）を行っていく必要がある。保育所保育指針（以下、指針と略す）では、1999（平成11）年度改定以降から、保育所の機能として、地域や家庭との連携を重視した子育て支援を担うことを明示している。

　指針では、「第1章総則」の「1　保育所保育に関する基本原則」「(5)保育所の社会的責任」のなかで、「イ　保育所は、地域社会との交流や連携を図り、保護者や地域社会に、当該保育所が行う保育の内容を適切に説明するよう努めなければならない」と定めている。その上で、「第4章子育て支援」のなかで、以下の3項目の視点をあげている。

　①保育所における子育て支援に関する基本的事項
　②保育所を利用している子どもの保護者に対する子育て支援
　③地域の保護者等に対する子育て支援

　これらの視点では、職員間の連携を図り、また地域の関係機関とも協力しながら積極的に取り組んでいくという、地域の子育てセンターとしての役割

が求められている。

　一方、幼稚園教育要領（以下、要領と略す）のなかで子育て支援については、「第3章教育課程に係る教育時間の終了後等に行う教育活動などの留意事項※1」において、幼稚園が子育て支援のために地域の「幼児教育センター」としての役割を果たすように努めることとしている。さらに現在、幼保一元化の流れもあり、今後はさらに幼稚園でも子育て支援の機能の充実が求められてくると考えられる。

　また、幼保連携型認定こども園教育・保育要領（以下、教育・保育要領と略す）では、「第4章子育ての支援」において、指針の「第4章子育て支援」と同じ視点を示し、幼保一元化を目的とする幼保連携型認定こども園における子育て支援の役割を推し進めている。

　特に現在は、目まぐるしい社会状況の変化から、各家庭だけで満足な子育てを行うことが難しくなっている。子育て家庭は核家族であることが多く、また近年ではひとり親家庭も増加し、家庭だけでの子育てが困難な状況にある場合も多い。このような状況では親と子どもとの間に健全な愛着関係を結ぶことを困難にさせ、ことばの発達にも影響を与えるようになる。さらに長じての親子間のコミュニケーション不足から起こるさまざまな問題の原因ともなる。

　それを防ぐためにも、保育現場では、保育者が各家庭を援助し、ともに協力して社会のなかで子育てを行っていくことが必要になってくる。

2 ── 入所児童の保護者への支援

(1) さまざまな価値観をもつ家庭・保護者

　保育者は、保育のプロではあるが、その子どもの"親"ではない。各家庭に価値観があり、保護者それぞれに子育ての考え方も異なってくる。そこで、保育者は、子育てについて一方的に保護者に指導していくのではなく、保育のプロとしての専門知識や、保育現場での子どもたちの様子やさまざまな家庭の状況などから客観的に得たものを参考にし、保護者に語りかけ、まずはアドバイザー（助言者）として、保護者との信頼関係を結ぶことが大切となる。

　保育者にとって、預かっている子どもとの信頼関係を結ぶことが最優先すべきことであり、さらに、その子どもが大好きな"お父さん、お母さん"と"先生"がともに信頼しあい、協力し、連携して子どもへ愛情を注ぐことが可能になるためには、保護者と保育者との間の強い信頼関係が重要となる。また、現在多くの家庭が核家族であり、母親が専業主婦として子育ての大部

※1
要領の該当箇所の本文は次の通りである。「幼稚園の運営に当たっては、子育ての支援のために保護者や地域の人々に機能や施設を開放して、園内体制の整備や関係機関との連携及び協力に配慮しつつ、幼児期の教育に関する相談に応じたり、情報を提供したり、幼児と保護者との登園を受け入れたり、保護者同士の交流の機会を提供したりするなど、幼稚園と家庭が一体となって幼児と関わる取組みを進め、地域における幼児期の教育のセンターとしての役割を果たすよう努めること」。

分を1人で行っている場合など、身近に相談する者もおらず、孤立しがちである。そのような母親を支えるのも保育者の役目となる。

一方で、保育所や幼稚園、認定こども園（以下、園と略す）を「家庭にかわって"しつけ"などの育児を効率良く行ってくれる場所」として、便利に利用しようとする保護者も存在する。あくまでも育児の中心を担うのは家庭であり、園は、それを支援していく立場であることを明確にしていく必要がある。

特に現在、少子化にあらわれるような「子どもを産まない」という以上に家庭で「子どもを育てられない」風潮にあるともいえる。生活の苦しさや両親の離婚、虐待・ネグレクトなどで、乳児院や児童養護施設に措置される子どもは年々増えている。措置される一歩手前の家庭も多く存在していると考えられるため、そのような崩壊しそうな家庭を支えつつ、子どもの命を守る役割も園が担うこととなる。それゆえに、園は、ただ子どもを預かり、保育するだけではなく、その家庭、つまり子どもの保護者を充分に支え、ともに協力し、子どもも保護者もそれぞれ心身ともに豊かに成長していくよう努めなければならない。

(2) 家庭との連携をどのように行うか

①情報の共有化

子どもが心身ともに豊かに成長していけるよう、保護者と信頼関係を結び、協力体制を整えていくために最も重要なこと。それは、保護者と保育者とが、子ども個人の情報を共有していくことである。特に、日々成長めざましい時期であればあるほど、保育所での子どもの状態を保護者に報告し、また家庭での様子も受け取って、日中の大半を過ごす保育所と家庭での保育に一貫性をもたせていくことが重要になってくる。

このような情報の共有化と保育の一貫性は、保護者と保育者がコミュニケーションを充実させていくところからはじまる。保護者と保育者が直接顔を合わせることができるのは、毎日の送迎時であり、短い時間ではあるが、お互いに子どもの状態を報告しあい、気持ちよく子どもの送り迎えをすることが大切である。その際に気をつけなければならないのは、保育所や認定こども園というのは預かり時間が長いため、常に同じ職員が送迎時に対応することが不可能だということである。早番や遅番などの時差出勤や、または延長保育[※2]などで、送迎時に対応する職員が変わったとしても、職員間できっちりと申し送りをし、それぞれの子どもの情報に漏れがないように留意しなければならない。

※2 延長保育
保育所の開所時間（11時間）を超えて子どもを預かる場合のこと。

さらに昨今では、個人情報保護の流れから、担任であってもその子どもの家庭状況を提出書類等から詳しく知ることが難しくなってきている。しかし、毎日のコミュニケーションのなかから、その子どもの家庭での様子を知ることで、子どもを巡る周囲の状況を推し量ることは可能である。現代社会のなかでは、例えほかの家族と同居したとしても、母親とその子どもが社会から孤立してしまう状況も少なくない。子どもの命を守る意味でも、保護者とのコミュニケーションを充実させ、園から離れた家庭での状況をしっかり把握しておくことが、保育者には求められてくる。

②連絡帳の活用
　送迎時は、顔を合わせて直接コミュニケーションを図る大切な機会であるが、短い時間内では、なかなか十分に情報を伝達し合うことは困難である。そこで次に重要になってくるのが連絡帳をいかに有効に活用できるかである。
　保育者が忙しい時間のなか、担当する多くの子どもたちの連絡帳に、効果的に必要なことを記述するのは大変なことだが、それ以上に働く保護者にとって、連絡帳への記入は非常な負担になりかねない。しかしそこへ記入してもらうこと、つまり時間を取って、家庭での子どもの様子を改めてしっかりと見つめてもらうことは、保護者にとって、自分の育児を見直すためにもとても大切なことである。連絡帳への記入に慣れない保護者には、保育者の記入を質問形式にするなどして、保護者にも答えやすく、家庭での子どもの様子をみるポイントを提示するように心掛ける必要がある。

③懇談会などの開催
　また、何か特別なことが起こったときには、すぐに相談に応じたり、助言を行うことが重要となる。必要なときには担任だけではなく、主任や園長なども交え、臨時に面談を行い、園全体で家庭をサポートする体制を整えることも、育児に不安を抱える保護者にとって、力強い味方となるだろう。
　さらに、定期的にクラス全体の懇談会を開催するなどして、同じ年頃の子どもを育てる親同士が横のつながりをもち、保護者同士で協力・助言しあえる体制をつくっていくように努めることも大切である。

④園からの発信
　このようにして、園全体で各家庭を支援していくためにも、総合的な情報発信も心掛ける必要がある。
　最近では、各園などで、インターネットを利用した情報発信を行っているケースが増えてきている。その多くが、基本的な情報を掲載しているにすぎないが、なかには頻繁に行事や保育中の様子がわかる画像を更新したり、リアルタイムに現在の園での様子を動画で閲覧できるようにしているところも

ある。ただし、日々の園生活や、保護者へのお知らせなどの即時性を求められる情報は、園だよりなどの印刷物で行っている場合がほとんどである。毎日の送迎時の会話や各自の連絡帳では知り得ない、異年齢や別のクラスの子どもの様子や、保護者へのお知らせなどを通して伝わるその園の方針などを保護者が得るためにも、園だよりを中心とした文章での情報発信を活用していくことも重要である。

⑤ICTの活用

ICTは「Information and Communication Technology」の略語で、日本では「情報通信技術」と訳されている。近年、保育業務支援対策として、ICTを利用したシステムを導入し、園児の登降園管理などを行っている園が増えてきている。この場合、毎日の登降園時の時間の記録や出欠など、アナログで行っていた煩雑な作業を簡略化できるため、その分保育者が余裕をもって直接子どもや保護者とかかわる時間に充てることで、より緊密なコミュニケーションが行われていくことが望ましい。

3 ── 地域における子育て支援

「子育て家庭」というのは、子育てが必要な子どものいる家庭のことをさす。地域における子育て支援では、園がその地域で子育てをしている家庭全てを対象に支援することを目的としている。

地域の子育て家庭がこのような「子育てセンター」「幼児教育センター」を十分に活用するためにも、園は、情報発信を行うことが重要である。

さらに将来的には、子育てをする親自身を支援していくことになる「生活支援」をも視野に入れた制度づくりが必要とされている。

第 2 節 ● 多文化共生社会・情報社会におけることばの指導

1 ── 多文化共生社会における保育

(1) 多様な文化的背景が共存する社会

　現在、日本に長期在住する外国人家庭が増加している。それぞれ、留学や研究、仕事など、各家庭で事情が異なるが、多くは収入の多い日本での就労を目的としており、幼い子どもを抱えている家庭では、父母ともに働いているために、子育ての大半を保育所などに委ねている場合がほとんどである。

　2008（平成20）年に実施された日本保育協会の調査によると、全国のおよそ3割の保育所で外国人への保育が行われており、その国籍は多い順からブラジル、中国・台湾・マカオ、ペルー、フィリピン、韓国・北朝鮮、ベトナムとなっている。最も多いブラジル、次に多い中国・台湾・マカオは、合わせると全体のほぼ半数を占めており、ほとんどが日本での就労を目的にしている。対して韓国・北朝鮮の場合は在日外国人として何代にも渡り日本で生活している場合が多い。また他国の場合、研究や留学のために来日し、居住している家族も増加傾向にある。

　在住している地域別に見ると、中国や韓国・北朝鮮国籍など在日外国人が以前より多く居住している地域や、工業団地など、外国人の就労者が多い地域などは、他よりも外国人児童の入所数は必然的に多い。特に就労を目的としている場合は、知人や親戚を頼って来日することが多く、自ずと同じ国や地域出身の外国人が集まって生活するようになる。そのため、同じ保育所に同じ国籍の子どもが集中して入所する場合も多く、同じ自治体のなかの保育所でも、外国人乳幼児の多いところと少ないところと多様な現状が存在する。

　また在住の目的により、数年後には帰国する予定であったり、帰国を望んではいてもすぐには不可能な場合もあったり、そのまま日本永住を望む家庭など、ひとくちに外国人家庭といっても、さまざまな事情を抱えている。

　そのような現状において、指針、教育・保育要領では、保育内容に関する留意点として、「国籍や文化の違いを認め、互いに尊重する心を育てる[※3]」こととしている。また、子育て支援においては、指針で「外国籍家庭など、特別な配慮を必要とする家庭の場合には、状況等に応じて個別の支援を行うよう努めること[※4]」として、多文化共生についての項目が記されている。

※3
　指針では、「第2章保育の内容」の「4 保育の実施に関して留意すべき事項」として「(1)保育全般に関わる配慮事項」に明記されている。
　教育・保育要領では、「第2章ねらい及び内容並びに配慮事項」の「第4 教育及び保育の実施に関する配慮事項」に明記されている。

※4
　指針で、「第4章子育て支援」の「2 保育所を利用している保護者に対する子育て支援」として「(2)保護者の状況に配慮した個別の支援」に明記されている。

(2) 多文化共生保育における問題点
①保護者と保育者との信頼関係の形成への影響

　保育に限らず、外国人とのコミュニケーションで一番問題になるのがことばの問題である。前項で述べたように、健全な子育ては、家庭と園が協力して行われるべきである。しかし、多くの外国人保護者が、日本語でのコミュニケーションを十分に取ることができない。そのために日々の細かな連絡事項を正確に伝達することが不可能な上、一番重要であるお互いの信頼関係を育てていくことが困難である。

　また、外国人の親たちは、子どもを園に預ける際の心配な点として、「自国語※5の獲得への不安」「文化の差異による子育ての考え方の違い」「宗教上での禁忌事項が守れるかどうか」などをあげている。

　日本での永住を望んでいる場合は、日本語を母語とし、日本文化に溶け込むことが、これからの子どもの将来として求められていく場合が多い。しかしいずれは帰国を予定している場合や、信仰する宗教や自国の文化を基盤に民族としてのアイデンティティを確立していきたいと考えている場合、人間形成の基礎というべき乳幼児期に、子どもが親と離れて、日本文化のなかで育っていくことについて十分な配慮が必要となる。

　例えば、乳幼児期に育つべき基本的生活習慣において、食事などをはじめとする行儀作法の文化が異なる場合がある。韓国・北朝鮮では、椅子がない場合は床に立て膝をついて座るのが正しい作法であるが、日本ではそれは「行儀が悪い」とみなされる。また、逆に食事時、食器を食卓から持ち上げながら食べることは、韓国・北朝鮮側の作法からはタブーである。特に同じアジア系の人種であると見た目で差異をさほど感じないため、「文化が異なる」という大前提を忘れがちになる。保育者が異文化について知識がなく、無理解である場合、一方的に子どもの態度を悪いと決めてしまうことにもなるため、家庭での作法と園での作法の違いに子どもが混乱してしまう結果となる。

　また、保育所に入所している外国人の子どもたちは、日々の生活のなかで日本語を徐々に習得し、日本の文化に急速に馴染んでいく。そのため、自身の親が日本語でのコミュニケーションが困難であったり、日本の文化からは異質な習慣をもっていると、「恥ずかしい」と思ってしまうケースが多々ある。さらに、乳児期に主に日本語を習得してしまい、子ども自身に自国語を満足に習得する機会が得られなかった場合、長じて親子間での十分なコミュニケーションが不可能になってしまう危惧すらある。

②自国語＝母語の獲得の重要性

　民族のアイデンティティを形成するためには、自国語の習得ということが

※5　自国語
　親が自分の子どもに、母語として身につけさせたい言語として、一般的には出身国・民族の言語、親の母語と同じ言語が選ばれるので、便宜上、「自国語」としておく。

非常に重要となってくる。1つの言語を獲得すれば、同時にその言語を使用する国や民族の文化、社会的背景までをも習得するからである。

　また昨今では、母語の獲得が自己形成において重要であるといわれている。心のなかにイメージを広げ、深く物事について考え、自己を形成していくためには、思考の道具としてのことばを自由自在に駆使できなければならない。それは、誕生した時点の何もないところに一から獲得した"母語"以外には、なかなか成し得ないものである。

　以上から、自己のアイデンティティ、さらに民族のアイデンティティを十分に形成するためには、母語の獲得が重要な課題となってくることが考えられる。家庭での養育が充分に機能している場合は、親が使用する言語（自国語）と、また園で保育者や友だちとコミュニケーションを取るための言語（日本語）を同時に習得していくことが多い。しかし、就労を目的として来日している場合、親は仕事で忙しく、ことばの獲得について特に注意を払うことがないことが多いため、自国語より日本語が堪能になってしまう。ただし、それは家庭での自然な会話から得るものではないため、日本語の機能としては不十分で、ことばを中心とする思考活動の発達にも影響してしまう。また常に周囲から異質なものとして自己を感じるため、民族のみならず、自己のアイデンティティを自ら認めることができなくなる場合も多く、さらに帰国後には、自国語でのコミュニケーションが十分に取れないことに発するさまざまな問題を引き起こしかねない。

(3)　多文化共生保育に求められる取り組み
①保護者とのコミュニケーション

　「目は口ほどにものを言い」といわれるように、ことばが通じなくても、気持ちは伝わったり、簡単な意思伝達もある程度可能である。実際の保育現場では、日本語の通じない保護者に対して、実物を示しての身振り手振りに頼っているのが現状である。しかし、園と保護者の綿密なコミュニケーションによって培われる信頼関係が、子どもの健全な成長には欠かすことができない上、きめ細やかな保育を行うための充分な意思の疎通には、正確に情報が伝達できる手段が確保されることが望ましい。

　そのため、必要なときには、行政や支援団体などを頼り、日本語に堪能な外国人留学生のボランティアなどに通訳を依頼し、意思の疎通を図っていくなどの工夫が必要である。行政側のアプローチは、これからより充実させていかなればならない課題ではあるが、できる限り保護者と協力し、正確な意思疎通の手段の確保に努めたい。

また、各保育者の心掛けとして、保護者の日本語の習熟度に合わせ、連絡帳や園だよりなどは、漢字にふりがなをつける、ローマ字で書く、図やイラスト・写真を利用するなど、見やすく理解しやすいように配慮することが大切である。

②保育者への外国語教育

　保育者が、文化の異なる保護者と協力して保育を行うための第一歩として、保育者自身がある程度外国語を習得していることが求められる。

　現在では、日本在住の外国人家庭を支援するNGOやNPOなどの団体が、日々の生活に必要な日本語の単語や挨拶、例文などをまとめたテキストを発行したり、日本語教室を開いたりしている。このような活動を利用して、外国人の保護者が日本語を習得することをうながしていくと同時に、保育者自身も外国語をある程度習得し、日常的に保護者と、また子どもと簡単なコミュニケーションをとることが可能になっていくことが、円滑な保育のためには重要である。

　さらに今後は保育士・幼稚園教諭養成校において、一般教養の外国語として、中国語やポルトガル語など、現場での多文化共生保育を見通したカリキュラムの制定が求められる。

③保育のなかでの留意点

　低年齢児に関しては、言語の獲得期として一番重要である時期の大半を保育所などで過ごすことになるため、保護者と協力し、日本語はもちろん、自国語の習得ができるような支援を心掛けたい。

　ある程度自国語を習得している年長児の場合は、当初は保育者や周りの友だちとコミュニケーションをとるための日本語の習得が課題となる。幼い子どもにとっても自分の意志を伝えられないストレスは相当大きいものであるし、ことばが通じないために起こってしまうトラブルは多い。大人に比べて、子どもは周りの環境への順応は早く、次第に周囲の友だちと日本語で意思を通じ合えるようになっていくが、日常生活で徐々に使わなくなる自国語の習熟にも、母語の獲得の面から配慮する必要がある。

　なお、周囲の子どもたちへ、文化の違い、言語の違いについて、理解を深めるように努めたい。例えば、ポルトガル語を母語とする子どもがいたら、ポルトガル語のあいさつや歌、行事など、それぞれの国の文化の紹介をカリキュラムのなかに取り入れる、さらには国の料理やお菓子などを給食に取り入れるなど、異文化にふれる機会を日常的に経験できる環境を整えることが大切である。

　外国人の子どもが、自国の文化を誇りに思い、アイデンティティを形成し

ていくことがいかに重要であるかは先にも述べたが、周囲の理解に支えられてこそ、異国において、言語や文化の違う自分や家族を肯定し、成長していくことができるのである。

2 ── 情報社会の保育

(1) 情報社会における問題点

　少子化や子どもをめぐる犯罪が多くなっている現在、子どもたちは大人の目の届く安全な家のなかや特定の施設等で過ごすことが多く、いわゆる外遊びを中心とした子ども同士の自由な活動が減少している。そのために、自宅近辺の公園や空き地などで子ども同士が自由に遊ぶことで自然に得られていた経験、すなわち友だちとの交流や、基本的な社会ルールの獲得など、それらを普段の生活のなかで自然に得ることが困難になってきている。

　それにさらに追い打ちをかけるように、テレビやビデオ、テレビゲーム、インターネットや携帯電話を通したコミュニケーションなど、直接的な経験を伴わない情報の獲得や遊びが主流になりつつある。生活が便利になることで、失われていく経験は大きい。例えば、外食産業が盛んな今では、家庭で調理しなくとも食事が食卓に並ぶ。しかもそれらを温めるのにはスイッチひとつで機能する電磁調理器や電子レンジなどを使い、炎を見ることすらない場合もあるだろう。

　現在では、家庭生活、およびその近隣社会のなかで自然に子どもたちが経験し、習得していた発達課題の欠落が大きな問題となっている。幼児期に求められる課題ともいえる、要領および教育・保育要領では「生きる力」、指針では「現在を最も良く生き、望ましい未来をつくり出す力」の基礎を育んでいける取り組みを模索・実践していくことが求められる。

(2) 幼児期における直接経験の重要性

　テレビやテレビゲーム、インターネットなどの内容の世界はあくまでも仮想であり、直接的な経験ではない。また携帯電話でのコミュニケーションは、直接顔を合わせるものではない上、近頃では声で伝え合う会話より、文字のみによるメールが主流になりつつある。もちろん、これらを全てなくしてしまうことなどは不可能であり、使い方によれば、日々の生活を豊かにしてくれる便利な道具としてこれらが生活に欠かせないであろう子どもたちに、これらを有効に活用していくための「メディアリテラシー※6」を教育していくことは大切なことである。そのため、仮想的な経験だけに偏ることなく、現

※6　メディアリテラシー
　現在の情報社会において必要とされる、「情報を処理する能力」や「情報を発信する能力」、さらには「情報を評価・識別する能力」のこと。

実的な、生活経験を伴ったことばの獲得ができるよう努めて配慮することが不可欠である。

　乳児は、その成長の過程で、興味をもったものに近づき、なめる・ふれるなど五感を使って自分の周りの世界を理解していく。このように子どもの豊かな成長に欠かせないのは、子ども自身の直接的な経験、特に普段の生活のなかで培われていく、等身大の生活経験を豊かにすることである。

　特に現在では、多くのことばが、主にテレビをはじめとする情報機器を通して子どもの耳に届いてしまう。そのため、子どもは多くの単語や表現を覚えることができるが、そうして耳だけで覚えた単語は、直接的な経験が伴っていないため、そのことばの深い意味を知ることはない。極端にいえば、意味のない音声の羅列だけを得たにすぎないのである。

　大人は、どうしても多くの単語を知っていたり、読めたりすることに心を奪われがちだが、幼児期のことばの習得において本来重要であるのは、伝えられたことを正しく理解できているか、さらには、得たことばを正しく使って自分の意思を表現できるか、ということである。つまり、豊かなことばを得るということは、ただ単語だけをたくさん覚えていることをさすのではなく、1つのことばについて、どこまで深く広いイメージをもつことができるか、なのである。

　子どもたちの身の回りにあるもの…生き物や食べ物、その他、実際に目で見て、手で触れて、それはどんな感触がするのか、どんな匂いがするのか、五感を目一杯に使って得たイメージと、特定の音声のつながりと結びつくことで、初めてそのことばを獲得したことになる。このように、ことばの発達の未熟な子どもたちであればあるほど、具体的な生活経験を伴ったことばの獲得が重要になる。そうして得たことばは、頭のなかだけでも具体的なイメージを喚起させることが可能なため、豊かなイメージ形成力の発達につながっていく。それはその後の精神活動の充実のためにも極めて重要なのである。

　そのため、子どもたちが日常生活を送る保育現場では、家庭での生活だけでは不足しがちな直接経験を豊富にし、発達課題の欠落を補い、豊かなことばを獲得できる場としての役割が求められてくる。子どもたちは、毎日の充実した経験の上に、絵本やお話などを通して、多くのことばと、それに伴う豊かなイメージを得ることができるだろう。その力は、「生きる力」の基礎となる。現実の体験を基礎としてこそ、体験できない、現実にはあり得ない想像の世界を豊かにすることができ、その素晴らしさを実感することができる。保育の目標である「現在を最も良く生き、望ましい未来をつくり出す力」は、子ども自身がどれだけ充実した精神活動が行えるか、ということが大き

くかかわってくるのである。

3 ── まとめ

　保育は、まずは子どもたちとの間で愛着を形成すること、さらに、その保護者と信頼関係を形成していくことからはじまるといっても過言ではない。それらは日々かかわる人々との綿密なコミュニケーションによって育まれていく。人間のコミュニケーションにおいて重要な役割を果たすのはことばで
あり、それぞれの人間が自己肯定を伴うアイデンティティを形成していくためにも、また他者への理解を深めていくためにも重要である。さらに、多文化共生、情報社会、といった現代の様相において、より一層保育のなかのことばに対し、きめ細やかな配慮が求められてくるのである。

●「第7章」学びの確認
①地域の園で、どのような「子育て支援」を行っているか調べてみよう。
②外国での簡単な日常会話を調べ、話したり書いたりできるようになろう。
③現在の子どもを取り巻く問題について、グループで話し合ってみよう。
●発展的な学びへ
①子どもを取り巻く問題について新聞などから情報をまとめ、保育者としてどうかかわっていくことができるか考えてみよう。
②外国人の家庭を支援する団体のボランティアに参加してみよう。

引用・参考文献

1）柏女霊峰『次世代育成支援と保育』全国社会福祉協議会　2005年
2）日本保育協会「保育の国際化に関する調査研究報告書―平成20年度―」2009年
3）植田都「外国人幼児・児童生徒への言語教育(1)」関西外国語大学人権教育思想研究所　2004年
4）植田都「多文化共生社会における教育のあり方を探る」関西外国語大学人権教育思想研究所　2005年
5）神戸定住外国人支援センター編『日系南米人の子どもの母語教育』神戸定住外国人支援センター　2001年
6）宮島喬他『外国人の子ども白書―権利・貧困・文化・国籍と共生の視点から』明石書店　2017年
7）津守真『子どもの世界をどうみるか』日本放送出版協会　1987年
8）本田和子『変貌する子ども世界』中央公論新社　1999年

第8章 保育者は子どもにどう働きかけていくか
―保育者の役割―

◆キーポイント◆

　乳幼児は、家族から離れて過ごす園で、多くの人や物と出会い、さまざまな経験を通して急速にことばを獲得していく。保育者が情緒の安定を図り、一人一人の子どもと信頼関係を築くことによって、子どもは保育者を心のよりどころにして、さまざまな経験のなかで安心して気持ちを自分なりにことばで表すことができるようになっていく。そして、そのことばに保育者や友だちが応答を繰り返すことで、さらにことばが獲得されていく。保育者や友だちの話を理解する、自分の思いを言えるようになるための援助から、子ども同士でかかわっていけるように仲立ち等をするまで、保育者の果たすべき役割は大きい。
　ここでは領域「言葉」の視点から、保育者が子どもに働きかけていく際の役割について考える。

第1節　3歳未満の子どもに保育者はどう働きかけるか

1　応答的な働きかけによって育つことば

(1)　気がかりな未満児のことばの遅れ

　幼保連携認定こども園教育要領、保育所保育指針の改定で特筆すべきことは、3歳未満児の発達を促していくための保育者の援助のあり方が明記されたことである。
　著者の園に入園を希望の面接時に、ここ数年気がかりになっていることがある。それは、3歳児からの入園希望者のなかで、2歳児段階で未だことばが出てこない子どもが多くなっていることである。2歳から3歳にかけて二語文や三語文を話せるのが一般的な発達の姿であるが、絵本を見せ、「〇〇くんの好きな食べ物はどれかな？」と質問をしても「あっ、あっ」という一語文にもならないことばであったり、「〇〇〇〇まん」と言えず「まん」という最後のことばだけを発したり、喃語のような不明瞭な発声であることも少なくない。保護者に尋ねると、「ことばは自然と出てくるものだと思っていたので、特に心配していなかった」「スマホで動画を見せることが多い」「公

園や育児サークルなどに行かず、家で子どもを見ていることが多く、自分もスマホを触っていることが多い」といった答えが返ってくる。

ことばの発達の遅れが心配される場合は、気づいた段階で保育者や園の臨床心理士、地域の保健師等の発達相談につなげ、家庭での子どもとのかかわりを見直してもらっている。また必要がある場合は、療育を受け、発達を促す手立てを共に考えていく。

家庭での子育て機能が低下し、子どもの発達に影を落としている現状から鑑みるに、保育所や認定こども園での保育者の専門性をもった子どものかかわりや発達支援と保護者支援は、欠かせない重要な使命であろう。

(2) 子どもが伝えたくなる体験を

では、具体的には、3歳未満児のことばの発達を促すためにどのような働きかけが必要なのであろうか。それは、保育者や友だちと心を通わせるなかで経験したことや考えたことなどをことばで伝えたり、相手の話を注意して聞いたりして、ことばによる伝え合いを楽しむようになることである。すなわち、そこには意図的に「子どもが伝えたくなるような体験をすること」や「相手の気持ちや行動を理解したいなどの必要性を子どもが感じ取る」ことが大切となってくる。そのためには、保育者自身が豊かな表現を伝えるモデルとして、さまざまなことばに出会う機会を作ることを意識しなければならない。このことは家庭の保護者にとっても同様である。そのため、子育ての拠点となる保育所や認定こども園、子育てセンター等は、一時預かりや親子サークル・子育て支援サロンなどの場を積極的に設け、こうした情報を発信していく役割を担っている。

事例1：2歳児

Aちゃんは2歳で入園してきた4年保育児である。口腔周辺の筋肉の発達の弱さがあり、始終よだれが出ていた。入園当初は一語文も出ず、泣いて訴えるか、指さしのみで伝えようとするだけだった。何よりも保育者との信頼関係を結ぶことが大切と考え、Aちゃんが泣いているときは、できるだけその状況に共感し、「いやだったね」「こまってたね」などと声をかけ、指さしや表情から読み取るようにしていった。そして、はじめは「これしてほしかったのね」とことばを補って受け止めていたが、信頼関係の構築が感じられるようになってからは、「やっ（いや）」とか「こまた（困った）」などAちゃんのことばで伝えられるよう、じっくりと待つようにした。理由を話すことは困難であったが、自分の発語で思いが伝えられたときに大いに認めたところ、徐々に表情も豊かになり、語彙数も増えてきた。

事例2:1歳児

　Bちゃんは1歳児。保護者が早朝から夜遅くまで就労のため、生活のほとんどを園で過ごしている。家に帰ると、食事や風呂の時間が待てずにそのまま寝てしまい、朝まで起きない日がある。このことを保育者は保護者から聞き、気にかけていた。物の名称を示す一語文も出にくく、ことばの遅れが心配されていた。

　園ではできるだけBちゃんと個別にかかわるようにし、毎朝「おはよう」と顔を見て手を取り、抱きしめて挨拶を交わすようにした。それに対してことばは出なくても、笑みが出れば「Bちゃん、ごきげんさんね。先生うれしいわ」と頬ずりをするなど繰り返した。Bちゃんが保育者の表情や口元を良く見ている気付き、食事のときは「もぐもぐもぐもぐ、ああ　おいしい」とともに食べ、興味をもっている遊びをよく観察して、ままごとで「はいどうぞ」「ありがとう」など、根気よくことばをかけ続けた。すると少しずつ、「おあよ（おはよう）」「あーと（ありがとう）」「どーど（どうぞ）」などのことばが聞かれるようになってきた。

　保護者にも園での様子をできるだけ伝えるようにし、保護者の苦労も労いながら、家庭でのかかわり方などもともに考えるようにしていった。2歳児クラスに進級する頃には自分の気持ちなども伝えられるようになった。

　子どもは、普段自分の側にいてかかわってくれる人を信頼できる存在と感じ、その人にあやしてもらったり、自分の声や動きに優しく応えてもらったりして、やり取りすることを盛んに楽しむようになる。愛着の対象である特定の保育者が視界にいることで子どもは安定し、自分の思いや欲求を伝えようと、相手に向かって手を伸ばしながら声をあげたり、顔を見て笑いかけたりと、体の動きや表情、声や喃語等で働きかける。

　保育者が応答的に触れ合ったり、ことばを添えてかかわったりすることで、子どもはしだいに相手の言っていることを理解するようになり、自分もことばで伝えようとする意欲を高めていく。子どもは、保育者の優しい語りかけやゆったりとしたわらべ歌などの声に、心地よさを感じる。また、保育者が子どものことばにならない思いや欲求を発声や喃語などから読み取り、それをことばで置き換えながら対応することで、子どもは自分の思いが受け止められる喜びと安心感、そして優しいことばが返ってくるやり取りの心地よさを感じる。子どもはこうした体験を重ねて、保育者により伝えたい、わかってもらいたいという表現意欲を高める。同時に、ことばにならない思いの意味とことばの音声とがつながり、ことばを理解していくこととなる。

　保育者の声だけでなく、表情、声色、身振りなども、ことばと一体となり、子どもに向けることばの一部として重要な役割を果たす。そうした豊かなことばの世界に触れる経験や、温かい語りかけに心地よさやうれしさを感じる経験を通して、子どもは大人の言うことを模倣したり、耳にしたことばを遊びに取り込んだりして、自分もことばを使うことを楽しむようになる。

2 ── 未満児同士のトラブルの場面では

　1、2歳ではまだ相手の気持ちに気づけず、所有の意識が不確かな場合も多く、ほかの子どもが使っていても目にとまった物に手を伸ばし、物の取り合いになることもある。こうした時は、「取り合いはだめ」「貸してあげなさい」などと単に行動を制止したり望ましい行動を指示して子どもの思いを抑えるのではなく、まずは双方が思いや感情を出し合う様子を見守り、保育者が互いの思いを伝え合う仲立ちをする。

　例えばまず、「どうしたの？」「ふたりとも困ったね」と子どもたちの思いを察する。物を取られた子どもの気持ちに「遊んでいたのを取られて、悲しかったね。まだ使いたかったよね」と共感し、「でも、○○ちゃんもこれが欲しいんだって」と相手の思いを伝える。

　物を取った子どもには、「楽しそうだったから、○○ちゃんも欲しくなったのね」と共感し受け止めた後、「でも今は、△△ちゃんが使ってたの。急に取られて、悲しかったのよ」と相手の思いを伝え、「貸して欲しい時は『かして』って言おうね」「急に取ったらびっくりして、悲しくなるのよ」と、ことばで思いを伝える大切さを知らせていく。

　未満児同士のトラブルの場面では、保育者が子どもの気持ちや思いをことばにして、双方に伝えていくことが大切である。

第2節 ● 3歳以上に保育者はどうことばかけをするのか

　保育者のことばは、保育者の想像以上に子どもに大きな影響をおよぼす。認め、ほめ、励まし、注意をうながし、具体的に教えるなど、保育者のことばで子どもは驚くほど自信をつけ意欲的になる一方、そのことばが子どもの心を傷つける危険性もある。子どもは保育者を好きになるにつれ、そのことばを深く受け止めるようになる。逆に、保育者という立場にあっても、ことばが子どもの心に届かず聞いてもらえない場合もある。

　子どもが保育者とことばを交わすことは、その前提に子どもの心が保育者に開かれてなければならない。つまり、保育者が子どもにことばをかけることは大人同士の会話とは違い、保育者の思いを子どもの心に大切に届ける行為であることを忘れてはならない。

事例3：4歳児

　T男は、小学校2年生の姉をもつ4歳児。絵を描くのが大好きで家でもよく絵を描いていた。ある日、姉が宿題の絵を描いている横でT男も絵を描いた。姉がT男の絵をみて「変な絵」とつぶやいた。それからT男は園で絵を描こうとしなくなり、ある朝登園をいやがった。その日は園でお父さんの絵を描こうと前日に保育者から提案されていたのである。

　いやがるT男を連れてきた母親からその経緯を聞いた保育者が、「T男君、絵がうまく描けないことがいやなんだね。そうかあ。いいよ、気にしなくても。絵を描きたくないときもあるよね。描きたくないのなら、描かなくてもいいよ。先生もそんなときがあったわ。T男君の気持ちよくわかるよ。みんなが絵を描いているときは、先生と一緒にいていいからね」と励ますと、T男は安心した表情で自分から保育室に入った。

　絵を描く時間になり、T男はしばらくみんなの描いている様子を眺めていたが「先生、僕も描く」といって、自分からお父さんの絵を描きだした。もともと、絵を描くのが好きなT男は、大きなグリグリ目玉のお父さんを描いた。保育者はその絵をみて、「T男君、グリグリ目玉、いいわー。お父さんがT男君のこと大好きだよって、みているみたいね。先生この絵大好き」とT男の顔をのぞき込んでいった。その瞬間、T男の顔がパッと輝きニコッとほほえみ、その後1日機嫌よく過ごした。もちろん翌日、T男が登園をいやがることはなかった。

　これはT男が自分の気持ちや思いを汲み取ってもらい、自分の描いた絵に共感してもらったことによって自信をもち、その後生活に対し意欲を抱けた事例である。子どもは保育者や友だちと伝え合うことに楽しさを覚えことばを覚えていく。しかし、大人と同様、誰かれ構わず気持ちを伝えたり、ことばを交わしたりするわけではない。初めて出会う人に対しては不安が先行し、話す気になれないこともある。また、話したとしても緊張や不安のあまり自分の思っていることをうまく表現できないこともある。

　入園して最初にコミュニケーションを図る相手は、担任保育者である。入園したての子どもは、話す相手との間に安心してことばを交わせる雰囲気や温かい安心感が成立して初めて、ことばのやり取りをすることができる。子どもと保育者がことばを交わすための基盤となる信頼関係を築くことが、保育者の最も基本的な援助となる。

　子どもが安心して自分の思いや考えをことばで表現するために、保育者は子どもが話しかけやすい安心感と、聞き受け止めてくれる寛容な雰囲気を醸し出すなど、子どもの心のよりどころとなる必要がある。そのために、話し方やあいづち、表情などを工夫し、子どもにとって明るく楽しく豊かな会話ができる相手になれることが大切である。また、子どもの気持ちを自分のこととして憤りや悲しみを子どもと共感できることも大切なことである。

「親しみやすい存在の保育者と子どもとの円滑なコミュニケーション」という視点から考えると、そこでのことばは必ずしも標準語である必要はない。子どもが日ごろ使い慣れた方言で話をすれば、子どもはさらに親しみをもって安心して話をすることができる。日常生活に結びついた方言は温かみがあり、子どもに安心感を与えることができる。

子どもが徐々に心を開き、安心して話ができるような存在となるために、保育者はその場の状況に応じて標準語や方言を使い分け、話の調子や抑揚、話す速さなどを工夫し、多様な話し方で丁寧に子どもの心にことばを届けることのできるコミュニケーション力を身につけねばならない。保育者のことばが子どもに安定感を与え、話す意欲を喚起し、それが他の子どもと気持ちを伝え合う喜びへとつながるのである。

第3節 ● 子どもとの接し方、ことばの発達をうながす援助

ここでは、子どもが園で保育者や友だちとのかかわりのなかで、ことばを獲得していくための保育者の援助について考えてみる。

1 —— 子どもと共感できる温かい会話をする

子どもは保育者や友だちとかかわり、親しみを感じると、自分の気持ちを相手に伝えようとする。心を寄せる相手とことばを交わすことが喜びになり、自分の話が伝わるのがうれしく、また相手の話を理解して共感することで伝え合う楽しみを知る。

子どもにとって保育者は心の安全基地である。保育者が丁寧に話を受け止めてことばを交わし、気持ちが通じていくと、子どもはもっともっと伝えたいと思うようになる。入園当初は不安感や警戒心で話す気持ちになれなかったり、緊張のあまり自分の気持ちをうまくことばで表現できなかったりする子どももいる。受容的な雰囲気のなか、どの子どもにも答えられる話題を向け、子どもを受容し共感できる機会をもつことも効果的である。

事例４：朝食のメニューなどについて
保育者　「今日、何を食べてきたの？」
子ども　「パンと牛乳」
保育者　「そう、先生もパン食べてきたよ。○○ちゃん、パン好き？」
子ども　「うん、イチゴジャムのついているの」
保育者　「先生も、イチゴジャム好きだよ。一緒だね」

　このようなわずかなやり取りによって、子どもと保育者が共感でき、心を通じ合える楽しさやうれしさを毎日積み上げていくことができる。また、一緒に遊ぶことでその楽しさやおもしろさを伝え合ったり、園内の自然の美しさや不思議なものを発見したことをことばで伝え合ったりすることも大切な共感となる。子どもが心動かされる体験をし、その感動や思い、考えをことばにより、ともに味わうことが共感である。清水えみ子[3]は子どもと保育者との共感について、「共感するということは、生きていく力や望みを求め合い、わたし合うことなのです。—中略—共感する力と小さな希望を見つける心の眼を、みがき合うことが大切なのです。子どもや保育者のまわりすべてから、刺激をもらう喜びから感じる心を育て、共感の楽しさ・喜びを体験することなのです」と述べ、共感する伝え合いの重要性を指摘している。

2 ── 子どものことばをしっかりと受け止める

　子どもはさまざまな体験から得た驚きや喜び、感動、発見などを保育者に伝えようとする。しかし、語彙も不十分で文法的にも間違っていることも多い上に、伝えたい内容を思うように表現することができず、表情や身振りや動作を交えて、懸命に伝えようとしてくる。
　その際、「何をいっているかよくわからない」「そうじゃなくて、○○でしょ」など、不明瞭さや誤りを指摘されると、子どもは緊張し、表現すること自体が不安になる。子どもが自分なりのことばで思う存分表現する喜びを味わうためには、すべてを受容するような能動的・肯定的な保育者の受け止めが重要である。子どもは自分の話を真剣に聞いてもらえると、自分が大切にされていることを実感できる。その繰り返しが、子どもと保育者との信頼感が確実に積み上がっていくのである。
　竹田契一らは、コミュニケーションの改善を目的とした「INREAL（インリアル）： Inter Reactive Learning and Communication」アプローチを用いて、ことばに問題をもつもたないに関係なく、自由な遊びや会話の場面

を通じて、受容・共感しながら子どもの言語能力やコミュニケーション能力を引き出す実践をしている。

インリアルでは、子どものレベルに合わせ、子どもを尊重しながらコミュニケーションをうまく進めるための6原則が述べられている（表8−1）。

子どもとのコミュニケーションをとる際、重要なこととして大人（保育者）の聞き方、ことばの返し方がある。この原則を守りながらやり取りしていく大人側の姿勢について、インリアルでは「SOUL（ソウル）」という大人（保育者）の基本姿勢を述べている（表8−2）。

これを参考に、実践場面での保育者の援助と重ねて考えると、子どもとコミュニケーションをとる際、次のような姿勢が大切だと考えられる。

① まずは幼児の活動や働きかけを見る（Silence）。
② 幼児のことば、表情などを子どもの表現として、よく観察する（Observation）。
③ 幼児の状況や発達を理解し、この子は何を考え、何に興味をもっているのか、何を訴えているかを理解する（Understanding）。
④ 幼児の話を丁寧に聴き、会話し（Listening）、その話のなかで、共感しながら、子どもにモデルとなるようなことばがけをする。

このような保育者の姿勢は、子どものことばを引き出し、ことばの獲得を促進させるであろう。

表8−1　コミュニケーションの原則（インリアル）

① 子どもの発達のレベルに合わせる
② 会話や遊びの主導権を子どもにもたせる
③ 相手がはじめられるよう待ち時間を取る
④ 子どものリズムに合わせる
⑤ やりとり（ターン・テーキング）を行う
⑥ 会話や遊びを共有し、コミュニケーションを楽しむ

表8−2　大人側の姿勢SOUL（インリアル）

① Silence（静かに見守ること） 子どもが場面に慣れ自分から行動がはじめられるまで静かに見守る。
② Observation（よく観察すること） 何を考え、何をしているのか観察する。コミュニケーション・情緒・社会性・認知・運動などについて子どもの能力や状態を観察する。
③ Understanding（深く理解すること） 観察し、感じたことから、子どものコミュニケーションの問題について理解し、何が援助できるかを考える。
④ Listening（耳を傾けること） 子どものことばやそれ以外のサインに十分、耳を傾ける。

3 ── ことば以外の表情や身振りを大切にする

　子どもとの会話の際に、保育者が同じ目線で見つめ合ったり、うなずいたり、ほほえんだり、手をつないだり、体に触れるなどのことば以外の表現（ノンバーバルなもの）は大変重要である。
　子どもは自分の気持ちをことばで表現したとき、相手がうなずいたり、笑顔を見せたり、動作を伴った形での能動的・肯定的応答を示してくれると、相手が自分のことば、感情、思い、つまり自分自身を理解してくれたのだと感じる。そして受け止めてもらえたという喜びが、「もっと話したい」という意欲につながっていく。また、子どもはまず自分の話を十分に聞いてほしいという欲求が満たされてこそ、次に人の話を聞いてみようという気持ちが起こってくる。子どもは保育者や友だちに話を聞いてもらう体験を積み重ねて、集団のなかで話を聞く態度を身につけると考えられる。

4 ── 子どものことばに正しくわかりやすい返答をするなかで、正確なことばの使い方を知らせる

　幼児期のことばの発達は個人差が大きく、自分本位な表現をする子どももいる。友だちとのつながりを確かめる「ゴー、ファイト！」「ラジャー」などの合いことばや「ウンチ」「オナラマン」などの大人のいやがることばをわざと使い、楽しさ、うれしさを感じ合ってことばでつながる体験を積み重ねていく。
　話すのが苦手で表現力の乏しい子どもも、保育者や友だちの使うさまざまなことばや表現に触れ、ことばでやり取りをすることによって、共通言語をもつことになり、しだいに相手に対して自分への理解を求めるようになり、そうした経験を重ねて相手に伝えるための適当なことば・表現を獲得し、やがて自在にことばを使えるようになっていく。
　子どものことばの発達と人とのかかわりを的確にとらえ、子どものその子なりのことばに対しフィードバックをすることも保育者の大切な役割といえる。すなわち、正しく、わかりやすく、美しいことばや使い方を保育者が子どもに返していくことで、保育者の話し方やことばに関心をもち、それらを積極的に取り入れようとするのである。
　これは適切な意思伝達力を身につけるために大切であり、保育者は子どもとコミュニケーションする楽しさを伝えるとともに、正しく豊かなことばの表現のモデルとなっていることに気づく必要がある。ことばのフィードバッ

クについて、言語心理学的技法の1つであるインリアル法でのかかわり方が参考になる。インリアル法では、コミュニケーションの担い手である大人（保育者）が子どものレベルに合ったことばをかけ、発話意欲を支えようとしている（表8-3、8-4）。

　無理に大人の指示にしたがわせたり、誤りを指摘して訓練したりするのではなく、自然な遊びや生活のなかで、主体的に考えコミュニケーションできる子どもを育てることを目的としている。保育現場でのことばのフィードバックの手法としても大変参考となるので、その一部を紹介する。このような手法を参考にして保育者が積極的に子どもに働きかけることで、子どもたちは、自らことばを意識し、語彙を増やし、相手に伝わる話し方を身につけていけるであろう。

表8-3　保育者によることばかけ（インリアル）

①	ミラリング	子どもの行動をそのまままねる
②	モニタリング	子どもの出す声や音をそのまままねる
③	パラレルトーク	子どもの行動や気持ちをかわりにことばにあらわす
④	セルフトーク	大人が自分の行動や気持ちを口に出していう
⑤	リフレクティング	子どもの間違いをさりげなくいい直して返す
⑥	エクスパンション	ことばの意味や文法を広げて返す
⑦	モデリング	子どもに会話のモデルを示す

表8-4　インリアル・アプローチの実際例

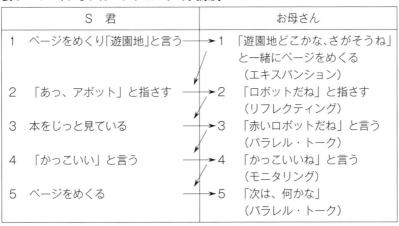

資料：竹田契一・里見恵子編著『インリアル・アプローチ』日本文化科学社　1994年

5 ── 子どもと振り返り、思いをことばにする

　時には着替えながら、昼食をとりながらおしゃべりを楽しむことも大切である。そんなとき、子どもたちは午前中の遊びについて、あるいは前日の出来事について思いをことばにする。また、降園の際に今日1日のことを振り返り、意見を言い合う習慣も多くみられる。

　子どもが自分なりのことばで出来事などを振り返り表現することについて無藤隆は「自らが考える際の言葉の使い方、ひいては物事のとらえ方・意味づけ方、解釈の仕方の枠組みに通じるものなのである」と述べている。何気ない自分のことを振り返るおしゃべりのなかに、実は自己や物事をことばとしてとらえる行為、つまり記憶として映像や感覚でとらえているものをことばで表現する作業があり、これがことばを獲得する上で大切な行為であるとされている。子どもたちと出来事や楽しかったことを振り返り、ことばにすることが大変意義深い行為なのである。

6 ── 親しみをもってあいさつをする

　園生活ではさまざまな人とあいさつを交わす。朝のあいさつや帰りのあいさつを交わすことは、一人ひとりの子どもが保育者や友だちと出会いを喜び合ったり別れを惜しんだりする意味がある。あいさつは集団生活のなかで一人ひとりの存在を確認するものであり、人間関係の大切な潤滑油である。

　お礼や食事のあいさつなど相手に感謝の気持ちを述べることばは、多くの園で「唱えことば」として形式化しているが、それはどのようなときにどのようなあいさつをするのかを身につけるためと考え、いずれみんな一緒でなくても自分で判断していえるように、保育者が意識しておくことが望まれる。

　いずれにせよ保育者は率先して誰にでも親しくあいさつをし、また相手が子どもであってもいうべきときにはお礼をいい、あやまるべきときにはあやまることが子どものモデルとしても大切である。

7 ── 時と場合に応じた適切なことばの使い方を伝える

　園での生活では、それまで家庭で経験したことのないことばとたくさん出会う。例えば、3歳児の入園当初に保育者が「みんなお片づけしましょう」といっても、一部の子どもは「みんな」が自分のことをいわれているとはわからずに、悪気なく遊び続けていることがよくある。また、友だちが使って

いる遊具を「貸して」と言わずにケンカになることも1学期にはしばしば見られる。

そのほかに、「並ぶ」「順番」「静かに」「入れて」「貸して」などのことばは集団活動の場で頻繁(ひんぱん)に使われ、こうしたことばの意味がわからないと、集団での行動に不自由を障し、友だちとうまくやっていけない。保育者は子どもの発達に沿いながらこのようなことばの意味や使い方を、その都度具体的にわかるように繰り返し伝えていくことが大切である。子どもはTPOに応じたことばの使い方を学び、しだいに自分でも使っていけることを意識したい。

第4節 ● トラブル場面で保育者はどうことばかけをするか

これまでことばを育てる保育者の役割について述べてきた。ここでは実際の保育場面で保育者がどのような考えでどのようなことばかけをしているのかについて検討し、援助のあり方とそのことばかけについて考えてみる。

ケンカやののしり、からかい、悪口などは、お互いのことばの未熟さや相手に気持ちをうまく伝えることができないことが原因となっていることが多い。一見マイナスにみえるこれらの場面を丁寧に指導することで、感情的な体験とともにことばによる社会性を獲得させることができるのである。

一方、保育者の不注意なことばが子どもとのミスコミュニケーションを起こしている場合もある。保育者の指示や誘いかけ、禁止やしかるといったことばかけについても考えてみる。

1 ── ケンカをしている子どもに

ケンカは子どもの成長の上で大変重要である。ケンカとは子ども同士の自己主張のぶつかり合いで、ケンカのなかで泣いたり、怒ったり、悔しい、悲しいなどの葛藤を経験する。それを通じ子どもは自分だけでなく相手にも考えや感情のあることに身をもって気づき、自分以外の人の存在や気持ちに目を向けていけるようになる。

2人の手を握らせ「ケンカはいけません。仲直りしましょう」などと、子どもたちが納得しないまま強引にやめさせるようなかかわりや、保育者がすぐに善悪を判断し、どちらが良くどちらが悪いかの裁定をしてあやまらせるようなかかわりは避けたい。なぜなら、子どものケンカの多くはお互いの思

いが相手に伝わらないことから起こることが多い。つまり、ことばの未熟さから発生する場合が多く、逆にいえばケンカはそれを通してことばのもつ大切さに気づく絶好のチャンスなのである。

　したがって保育者はケンカの様子をしばらくみて、子どもたち自身の力でケンカがおさまるように見守る必要がある。その上で、感情をコントロールし、情緒を安定させて自分の思いをことばで伝え、相手の思いも聞き、どうしたらよかったか再度解決策を考え、自分の力（ことば）で解決できるようにしていくことが大切である。

　しかし、以下のような場合は保育者は積極的に介入していく必要がある。
① ケンカではなく強い弱いの力関係が一方的になっているような場合
② 物でたたく、蹴るなど危険な行為を伴う場合
③ お互いが興奮し、子どもたちだけでは収まらない場合

　保育者はまずケンカの場面を見守る。そのとき保育者から見られていると気づくと、思いきりケンカできない子どももいるので、時には見ていないそぶりをしながらもしっかり状況をつかんでおくことが必要である。

(1) 力関係の強い子どもが弱い子どもに自己中心的な要求をしている場合

　力関係が強い子どもが一方的に自分の欲求を押しつけようとしているような場合、保育者は様子をしっかり見守り、その場をとらえことばをかける。

> 保育者：ちょっと、今のおかしくない？　先生聞こえたんだけど。〇〇君、△△君の使っているスコップ、無理やり取ろうとしたでしょ？　それ、いいことかなあ？
> 力関係の強い子ども：うん（あるいは無言）。

　このとき、保育者は「どうして？」といい、子ども自身に自分の主張や行為が正しいかどうか考えさせる。自分がむちゃをいっていることを知っていてわざとしていることがあるので、改めて子どもに判断を求める。力関係の強い子どもとの話し合いが一通り終わった後、今度は力関係の弱い子どもに対して自己主張できるように対応する。

> 保育者：△△君、あなたは、スコップを〇〇君に取られてもよかったの？
> 子ども：ううん（否定する）。
> 保育者：よくないのに黙っていたの？
> 子ども：うん。
> 保育者：じゃあ、なんていいたかったの？
> 子ども：いや（やめてなど）。
> 保育者：いやなら、いやっていわないとだめよ。それなら、〇〇君に、いや、やめてっていってごらん。
> 子ども：〇〇君やめて。

声が小さくて、自信をもっていえていないような場合には、無理のない範囲で自信をもっていえるまで何度も繰り返す。保育者は「もう一度、大きな声でいってごらん」などと繰り返し、力関係の強い相手からのプレッシャーを乗り越え、自己主張できるように働きかける。

(2) 同等の力の者が自分の意見を主張している場合

力関係が同等の場合の子ども同士のケンカは、子どもたちから助けを求めない限り、自分たちで解決するよう見守る。一向に解決できない場合や保育者に助けを求めてきた場合は、まず双方の気持ちや事情を丁寧に聞く。幼児期の子どもは自分の視点でしか物事を考えられない発達特性があり、いったことばが相手に理解されていないことがよくある。

保育者は、パラレルトーク（子どもの行動や気持ちをかわりにことばにあらわす）、リフレクティング（子どもの間違いをさりげなく正しくいい直して返す）やエクスパンション（ことばの意味や文法を広げて返す）などの援助をして、お互いの思いが相手に伝わるようにことばの表現を支えていく。そして、ケンカに至った経過について筋道を立てことばにし、問題や課題を明らかにしていく。

その上で保育者は、「それなら、どうしたらいいの？」などと、事態の解決の仕方を一緒に考える。よい悪いの判断ができている子どもたちは自分たちでケンカを収めていく。その判断ができにくい子どももいるが、そのような子どもには善悪の基準と理由について丁寧に伝える。気持ちが収まらない子どもには保育者がその子どもの気持ちに共感し、心を包んで安定させていく。

2 ── ののしり、からかい、悪口にどう対処するか

ののしりは大声で非難したり悪口をいうことで、派手なケンカ場面でよくみられる。からかいとは冗談感覚で人がいやがったり困るようなことをおもしろがっていることで、ふだんの生活場面でもしばしばみられる。

年中児から年長児になると、トラブル場面やケンカ場面だけでなく、友だちと遊んでいるときや通りすがりに、「あほ」「ばか」などのことばを言う子どももいる。

実習に来ている学生やほかのクラスの保育者に「ババー」といったり、太った子どもに「ブタ」といったりなど、「ののしり」や「からかい」はおとなしそうな子どもに向けられることが多い。

子どもがそれらのことばをどんなときに誰にどのように発するかにより、対処の仕方は異なる。しかし、ののしり、からかい、悪口などのことばの裏にある意味を見出すことで、形式的にことばの使い方を知らせるだけでなく、ことばの獲得にもつなげていくことができる。では、具体的に考えてみよう。

(1) ケンカやトラブル場面で使われる場合

　ケンカやトラブル場面で、相手のことを非難して「ばか」「あほ」とののしる場合は、ことばが攻撃の道具になっている。そのことばの内容が過度に相手の心を傷つける危険性がない限り、ことばの問題より前述のようなケンカの収束に対応することが先決となる（口ゲンカをしないように指導する必要はないと著者は考える）。

(2) 悪気はなく「ばか」「あほ」ということばが口癖になっている場合

　兄や姉のいる下の子に多くみられるが、本人はそれほど悪気はなくつい口癖になって出てしまっている。
　これは、次のような意味が考えられる。
　① そのことばが子どもにとって新鮮で、それを使うことで相手の反応の変化がおもしろくて使っている。
　② 語感がおもしろい。
　③ 同じことばを使うことで、仲間意識を感じている。
　④ 友だちに自分を強くみせる。
　このような場合、子どもの気持ちや実態を把握し、例えば以下のようにかかわることが大切である。

> 子ども：お前、何やっとんねん、出ていけ、あほ。
> 保育者：あー怖い。〇〇くんは優しい子なのに、どうしてそんないい方するの？　そんないい方していると、みんな〇〇くんのこと、怖い子って思ってしまうよ。今のは怖いことばだよ。先生、そのことばは好きじゃないわ。もっと、優しくいってあげてね。

　このように、そのことばのもつ意味やそれが相手にどのように伝わるのか、そのことばを使うことで他の人からどのようにみられるのか、保育者自身がそのことば遣いがいやであることなどを、本人に伝え、そのことばは本来使うべきでないことを知らせる。

(3) 言われた子どもが傷つくような場合

　太った子どもに「ブタ」とか、背の小さな子に「チビ」とか、自己主張で

きない子どもに「弱虫」、泣いている子どもに「泣き虫」などと平気で言う子どもがいる。そして言われた子どもがそのことばに傷つき強い、ショックを受ける場合もある。

このようなことばを発する子どもの方には、精神的に不安定な子どももいる。こういった子どもにはことばの問題としてとらえるだけでなく、その子どもの生活環境に目を向け、子どもの心にも十分共感して、保護者も交えて子どもを支えていく必要がある。

言われた子どもが言い返せない場合は、保育者が、
「そのことばで、あの子がどんないやな気持ちになるか、考えて」
「○○くんは、人の心を傷つけて、いやな思いをさせてうれしいの？」
「○○くんがいやなこと言われたら、どんな気持ちになる？」
など言われた相手の立場に立ち、言われた怒りや悔しさ、悲しさなど、心を痛めている子どもの気持ちを理解できるように繰り返し伝えていく。言われた子どもには言った相手は深い意図はなく、そのことばに対する反応を楽しんでいるだけであることを理解させ、嫌われていないこと何も恐れることはないことを伝える。

その上で、ケンカの対応のように、「なぜそんなことを言うの？」「そんなことを言わないで」「私は、言われて嫌な気持ちになるからやめて」「あやまってちょうだい」など、自分自身を守り自分への攻撃に正当に抗議していけるよう保育者が働きかけ、受けたショックから立ち直っていけるように援助していく必要がある。

ケンカなど具体的なトラブル場面で、保育者が手出しすることをひかえ見守り、時には自己主張できるように丁寧にかかわっていくことで、ことばの表現力が身につき、それが子ども自身の問題解決能力となるとともに、「相手の立場に立ち気持ちを理解する」という、人として大切な思いやりの獲得へとつながっていくのである。

3 ── 肯定的に誘いかけたり、ほかの行動をうながしたりすることばかけ

保育という集団教育の場では、持ち物をしまう、遊びをやめて次の活動に移る、遊具を片づける、行事に向かってみんなと一緒に取り組む、順番をまもって行動するなど、子どもは自分の欲求や思いと違う行動を余儀なくされることがある。しかし、指示されたことより、今の遊びを続けたい、片づけや掃除などをきらい、みんながしても自分はしたくないと思う子どももいる

ので、子どもの興味や関心を別の方へ向けるために保育者が指示したり、命令したり、禁止したりする場面はよくある。

そのようなときに保育者は、つい注意したり、しかったりしてしまいがちであるが、自ら判断して主体的・自発的な生活を送れるようになるためにも注意・禁止・命令はできるだけ使わず、肯定的な誘いかけやうながしを工夫すべきである。

それには、2つの視点からのことばかけを意識しておくことが大切である。1つは「要求的しつけ」と「制限的しつけ」の視点である。「要求的しつけ」とは、例えば水の入った容器を運ぶ際「こう持てばこぼれない」というような、こうしなさい、こうなってほしいという要求を示すしつけである。これと反対なのが「こぼさないように」というように「こうしてはいけない、こういう子にならないように」という、子どもに制限する方向へのしつけが「制限的しつけ」である。この場合、ではどうすればよいかが明確に示されていない。子どもの実態に合わせて手がかりを与える指示をすると、子ども自身で考える余地があるので、自分なりに行動を変容させやすくなるといえる。

もう1つは、社会心理学でいう「指し手と駒(こま)」の理論である。つまり、子どもに行動をうながす際、自らが将棋を指している立場で、つまり、子どもが先生の駒として動かされているのではなく自分の意思で行動しているのだという能動的な気持ちになるようなことばかけが大切である。例えば、「ちょっと難しいかもしれないけど、こぼさないようにお水を運べるかな?」という語りかけである。

例:遊びをやめて片づけに入る際
保育者　「そろそろ、片づけよう!」
子どもたち「えーっ、いややー」
保育者　「いやなの? しかたないなあ。じゃあ、あと5分だけ遊んだら、はやくきれいに片づけてくれる? 約束もまもってくれる?」
子どもたち「わかった!」

子どもたちは保育者が一方的に上から命令すると反発するが、保育者が子どもと同じ目線で向き合い子どもたちの気持ちもくみながら「要求的なしつけ」ことばで語りかけると、子ども自らが行動できるようになる。保育者が子どもたちの気持ちを聞いてくれるから、子どもたちも保育者の言うことを聞いてくれるのである。

4 ── 禁止や叱声(しっせい)について

　子どもが危険な行為をしているとき、いじめなど明らかに相手のことを踏みにじっているようなとき、保育者は毅然と叱責する必要がある。叱るということを具体的にあげると枚挙にいとまがないが、ここでは集団教育の場での留意点を述べることとする。

　生きる力とは、いかに社会が変化しようと自分で課題を見つけ、自ら学び、自ら考え、主体的に判断し、行動し、よりよく問題を解決する資質や能力である。

　「要求的なしつけ」で丁寧に決まりやルールなどを教えていると、子どもは4歳ごろには論理的にものごとを考えはじめ、善悪の判断がつきはじめる。それゆえに子どもが叱責されるような行動をとった場合、それがやってはいけないことと理解した上のものか、もしそうなら、なぜそのような行為をとらざるをえなかったのか、その状況と気持ちをよく理解し、その上で対応しなければならない。

　どんな場合でも保育者が子どもの気持ちを聞かず一方的に叱りつけるのではなく、この状況でその行動がよいのか悪いのか、どうすべきなのかを子ども自身にしっかりと考えさせることが大切である。

　子どもが感覚で理解していることをことばにして表現し相手に伝えることで、その内容がいっそう整理され、考えを深める思考の働きをうながすことになる。また、場合によってはほかの子どもたちもその内容を聞き、再確認する機会をもつことも大切である（誰もいないところで個人的にしかることが必要な場合もある）。

5 ── 「なぜ」という問いかけ

　保育者の話を聞かず、友だちとおしゃべりをしている子どもに対し、「今、何するとき？」。友だちとたたき合いをして泣いている子どもに「なんで、こうなったと思う？」。片づけないで、いつまでも遊具で遊んでいる子どもに「ほかのみんなは、どうしている？」。廊下を走っている子どもたちに「廊下は走らない。どうしてかわかる？」。

　このように、子どもたちに今の置かれている状況を判断させ、その上で自分たちはどのように行動すればよいのか、その理由も含めて考えさせることが大切である。時には強い叱責が必要な場合もあるが、その際も必ず冷静に子どもに「なぜ？」を投げかけて、本人が叱責された理由を理解できている

かどうかを確認し、しかりながらもその子に対する行為を戒め人格を認めるといったフォローを忘れてはならない。

●「第8章」学びの確認
①実習時に知り合いの子どもと、10分間お話を楽しんでみよう。
②実習中ふらふらしているような子どもに、どうしてそうしているか、何がしたいのか、何が解らないのか聴いて、子どもが満足するようにその子の思いをことばで言ってみよう。
●発展的な学びへ
①各年齢の子どもたちの会話を記録し、発達との関連性を見てみよう。
②自我の発達とことばの発達についての関連を調べてみよう。

引用・参考文献

1）内閣府・文部科学省・厚生労働省「幼保連携型認定こども園教育・保育要領　幼稚園教育要領　保育所保育指針　中央説明会資料」2017年7月
2）Miller,G.A *Language and speech* W.H.Freeman and Company, San Francisco and Oxford（1981）
3）ミラー（無藤隆・久慈洋子訳）『入門　ことばの科学』誠信書房　1983年
4）清水えみ子『園児と心で握手「言葉かけ」うまい例へたな例』学陽書房　1993年
5）内田伸子『言語発達心理学―読む書く話すの発達―』放送大学教育振興会　1998年
6）小田豊・無藤隆・神長美津子編著『新しい教育課程と保育の展開』東洋館出版社　1999年
7）竹田契一・里見恵子編著『インリアル・アプローチ』日本文化科学社　1994年
8）無藤隆編著『幼児の心理と保育』ミネルヴァ書房　2001年
9）秋田喜代美『知をそだてる保育―遊びでそだつこどものかしこさ―』ひかりのくに　2000年
10）坂下喜佐久・濱名浩編著『生きる力を培う人間関係』みらい　2001年
11）国立教育政策研究所教育課程研究センター『幼児期から児童期への教育』ひかりのくに　2005年

第9章　子どものことばを育む環境とことばの文化財

◆キーポイント◆

　本章では、第1節にて子どものことばを育む環境について述べ、第2節にてことばを育てるさまざまな文化財について解説する。
　ことばの能力は生まれつき備わっているわけではない。豊かなことばの体験がことばを育てる。豊かなことばの体験とは、その子と向かいあって話される生の声と眼差しであり、子どもが発する声やさまざまな表情を受けとめてもらえる体験である。
　豊かなことばは会話だけではない。人はことばを使ったさまざまな文化財を作り出し、子どもと享受してきた。ことばの文化財は子どものことばと心を育てるためになくてはならないものである。
　保育者として、豊かな子どものことばを育む環境について理解を深め、ことばを用いた文化財の実践に取り組んでほしい。

第1節 ● ことばの環境と文化財

1 ── ことばを育む環境

　赤ちゃんが初めて意味のあることばを話し始めるのは生後1年頃である。それ以前の赤ちゃんはクーイングや喃語を話しつつ、自分に向かって語りかけられることばを一生懸命聞いている。だが例えば「赤い車が走っているね」という文は最初は「アカイクルマガハシッテイルネ」という音の連なりにしかすぎないはずである。文法を知らない赤ちゃんに「赤い」は形容詞、「車」は名詞と説明するわけにもいかない。それなのに「アカイクルマ」は「赤い」「車」であり、「ア　カイク　ルマ」ではないことをいつの間にか自分で理解する。赤ちゃんの言語獲得の能力についてはいまだわかっていないことが多いが、赤ちゃんは周りの人たちの話すことばを一生懸命聞きながら次第に意味や文法を理解し、自分で使ってみながらその言語の体系を構築していくのである。大人は赤ちゃんや小さな子どもに話しかけるとき、「あかい／くるま」のように音を区切ったり、ゆっくりと話したり、語尾を上げるといった特有の話し方をする。これはマザリーズと呼ばれ、世界中の言語にみられ

る特徴であるが、赤ちゃんや幼い子にとっても聞きやすい話し方なのである。

　子どもがことばを発達させるには、たくさんのことばのシャワーを浴びることが必要である。そして五感を使った実体験を積み重ねる必要がある。「痛い」ということばは転んでぶつけて痛さを感じることではじめて身につく。また、子ども自身がことばを発すると（赤ちゃんは声を出せば）、それを受け止め、返してもらえる経験が重要である。人間はまねる本能をもっているという。大人のことばやしぐさをまねてみる、「上手だね」「かわいいね」と言ってもらう。このようにしてコミュニケーションを繰り返すことは信頼関係を築き、社会力の土台ともなっていくのである。

　ところが現代社会においては、子どもが、特に赤ちゃんがことばを経験する環境に危険信号が灯されている。少子化と核家族化が進行し、外遊びをする子どもが減り公園も閑散としている。「イクメン」という新語は生まれたが、多くの父親は育児に携わる時間がもてないでいる。その結果、母親が独りで子育てを担うという生活を余儀なくされていることも多い。

2 ── メディアとことば

　多様な大人のことばに触れる機会の減少の一方、さまざまな情報メディア（テレビ、DVD、電子ゲーム、スマートフォン、タブレット型PCなど）が発達し、子育てに関する情報がメディアを通してあふれている。子育てに悩んだとき、困ったとき、そのようなメディアに頼る母親が増えている。子どももまた、物ごころのつかない頃からこれらの機器と接することになる。

　情報メディアとの過剰な接触が子どものことばの環境を脅かしている。小児科医の田澤雄作によれば、人間は「光るもの、動くもの、音の出るもの」が気になる習性があるということである[1]。テレビなどの映像メディアはまさにその特徴を具えた機器である。スマートフォン（スマホ）が普及した昨今は、子育てアプリなるものも存在し、「赤ちゃん泣き止みアプリ」や0歳児でも遊べる「ゲーム」が満載されている。赤ちゃんが泣けばスマホの画面を見せ、外出中に赤ちゃんがぐずればスマホのゲームで遊ばせる。光って動いて音の出るスマートフォンの画面に見入る赤ちゃんは周囲の大人の存在に無関心である。筆者もエレベーター内でベビーカーに乗った乳児が一心にスマホの画面を見つめている姿に遭遇したことがある。比較的込み合っていたにも関わらず、乳児の視界に人々の姿は一切入っていないようであった。

　こうしたメディアとの長時間の接触は、乳幼児期に必要な実体験の機会を奪うことにつながる。メディアとの長時間接触という養育環境はことばの遅

[1] 田澤雄作『メディアにむしばまれる子どもたち―小児科医からのメッセージ』（教文館 2015年）

れを生み、発達上のさまざまな弊害を生むと田澤は警告している。

日本小児科医会、日本小児科学会もまた、子どものメディア接触に関して注意喚起を繰り返し行っている[※2]。

※2 日本小児科医会はポスターやリーフレットの作成、配布を行っている。http://www.jpa-web.org/information.html

3 — はじめて出会うことばの文化財

子どもにとって、ことばを聞くこと、そして話すことは読み書きより重要である。まず聞くこと、聞く力を育てることがことばを育てる。聞く力、とは周囲の人のことばを聞き、自分で想像してみることである。ここにことばの文化財の意味がある。乳幼児が享受することばの文化財は聞くことにより成り立っている。

赤ちゃんが生まれてはじめて出会う文化財の一つに子守唄をはじめとしたわらべうたがある。子守唄を聞く赤ちゃんの気持ちは和らぎ、心地よい眠りにつくことができる。子どものための文化財は子どもの心を豊かに育んでくれる。親と子が楽しい世界を共有する経験は人生の財産となる。私たちの先達はさまざまな育児文化を作り、継承してきたのである。

ブックスタート[※3]という活動がある。0歳児検診などの場で、絵本を仲立ちにして赤ちゃんと保護者が楽しい時間を共有する喜びを伝える活動である。赤ちゃんにとっては自分に向かって語られることばを聞く体験となる。またこの活動は現代の孤独な子育てを支援する側面ももっている。赤ちゃんと絵本を開き、読んであげる行為は赤ちゃんへの語りかけの機会となる。

※3 1992年にイギリスで始まったこの運動は、日本では2000年のこども読書年をきっかけに導入された。実際に絵本を読む体験と共に絵本を親子に直接手渡すことを重視する。自治体の事業として急速に全国に広がっていった。

第2節 ● 子どもを育てることばの文化財

1 — ことばの文化財とは何か

児童文化という言葉は、子どもの豊かな育ちを支える文化的環境の総称である。日本独自の用語であるが、その概念は幅広く多様で、いまだ明確な定義についてはさまざまな議論がなされている。

児童文化を構成するものとして有形無形の児童文化財があるが、これらは主に大人が子どものために創造したものである。この章ではさまざまな児童文化財のうち、ことばに関連する文化財をことばの文化財として取り上げる。

ことばの文化財には、絵本、児童文学（幼年童話）、紙芝居、おはなし、

わらべうた、ペープサート、パネルシアター、エプロンシアター®、人形劇、劇遊び、ことば遊びなどである。また、民話（昔話、伝説、神話）は本来子どもだけを対象にしたものではないが、大切な文化財である。

2 ── 見て聞いて楽しむおはなしの世界

(1) 絵本と幼年童話

　絵本は現在、保育現場の必須アイテムであると誰もが考えているだろう。しかしわずか50数年前には、日々の保育で集団の絵本の読み語りを行う光景はそれほど一般的ではなかった[※4][※5]。明治以降「言葉」の領域は「談話」「お話」「言語」などにおいて扱われてきたが、ここで主に実践されていたのは童話や素話、紙芝居であった。「保育に絵本」という認識が広まったのは1970年代の絵本ブーム以降である。

　一方、童話は現在より読まれる機会が多かったようである。文芸用語としての「童話」の定義は曖昧で定まっていないが、保育現場では創作物語や昔話等の読み物を総称して「童話」と捉えていたようである。しかしここでは主に幼児や低学年の児童を読者対象として書かれた創作児童文学を「幼年童話」として紹介する。

　現在絵本以外の読み物は保育現場でどれほど読まれているのだろう。絵本の発展に伴い、絵の少ない「童話」は敬遠される傾向がみられる。

　だが子どもは絵がないとおはなしが聞けないものなのだろうか。「幼児期は耳の時代である。耳から、人間らしい豊かな心のこもった言葉を、どのくらい聞くことができるかが、幼児期の言語教育、言語体験にいちばん大切である。そしてそのことはまた、人間の言葉の体験の基礎をつくる重大な問題でもある」[1]と松居が言うように、豊かな言葉の体験は耳からなされるものである。また、耳で言葉を聞いて自分でその情景を頭のなかに描き出す力を想像力というが、耳で聞く経験を積まなければ育たない。幼年童話は、子どもが自分で読むのではなく、読んでもらうことを前提として書かれている。かつて、子どもには長い物語を聞くだけの集中力はないと考えられ、短編童話ばかりが書かれた時代があった。今も長い物語や絵本は子どもが飽きると考える人もいるようだ。しかし、子どもが自分を投影できる等身大の主人公がいて、子どもの論理や思考にしたがって活躍する物語に子どもは長短は関係なく夢中になるのである[※6]。

※4
　前川貞子は1950年代後半から60年代前半にかけての奈良女子大学文学部附属幼稚園の『指導計画』を調査し、「絵本は教材としてとりあげられておらず、童話の資料として時に絵本があがっているだけである」「当時、絵本は、大きさからいっても個人または小人数で楽しむものとされていたようである」と述べている。（三宅興子編『日本における子ども絵本成立史──「こどものとも」がはたした役割』ミネルヴァ書房 1997年 p.264）

※5
　昭和30年代の名古屋市内の幼稚園の保育日誌や名古屋市の教育課程においても「絵本」が題材となっている記述はほとんど見られない。（参考：清原みさ子・豊田和子・原友美・井深淳子『戦後保育の実際──昭和30年代初めまでの名古屋市の幼稚園・保育所』新読書社　2003年）

※6
　次にあげるのは、古典とされる幼年童話である。時代に翻弄されず変らぬ子どもの本質が描き込まれた作品である。ぜひ読んでみてほしい。
　渡辺茂男作　山脇百合子絵『もりのへなそうる』（福音館書店 1971年）
　松谷みよ子『ちいさいモモちゃん』（講談社 1964年）
　いぬいとみこ作　山田三郎絵『ながいながいペンギンの話』（理論社　1963年）

神沢利子作　井上洋介絵『くまの子ウーフ』（ポプラ社　2001年）

古田足日・田畑精一作『おしいれのぼうけん』（童心社　1974年）

古田足日作　堀内誠一絵『ロボット・カミイ』（福音館書店　1970年）

アーノルド・ローベル作　三木卓訳『ふたりはいっしょ』（文化出版局　1972年）

> **事例：耳で聞くということ（5歳男児）**
> 　アンデルセン童話を基にした創作落語会。2時間一生懸命聞き続けた男児は母親に感想を聞かれ、「あんな、お話が次々にな、ここ（額の前）に見えてくるねん。だからおもしろかった」と答えた。
> 　噺家は落語を覚えるとき、噺の流れを場面ごとに映像的に覚えるという。聞き手の子どももまた、ことばを絵にして受け止めているのである。これがまさに想像力であるといえるだろう。

(2) おはなしと昔話の世界

　おはなしは、語り手が絵本や本などのテキストを見ずに、ことばと表情だけで語るものである。おはなしとはそもそも、文字の有無や読み書き能力にかかわらず、世界中で親から子へと、また地域共同体のなかで営まれ継承されてきた行為である。

　ここではまず口演童話、素話、ストーリーテリング、語りの4つのおはなしの形態について述べる。

①口演童話

　口演童話とは、明治時代に巌谷小波、久留島武彦らにより始められた創作童話の口演である。昭和初期にかけて、全国を巡回し小学校等の講堂で何千人もの子どもの前でジェスチャーを伴った独特のスタイルで行われる活動が盛んになされた。

②素話

　素話という用語は保育の場で使われることが多い。幼児への物語などの語り聞かせは明治の頃より保育の活動として組み込まれてきた。絵本の読み語りが一般的になる以前は「言葉」の領域の活動として現在より頻繁に行われていた。昔話や童話、時には自作の物語を語り聞かせていた。

③ストーリーテリング

　ストーリーテリングは、主に図書館で行われる活動を指すことが多い。本と子どもを結びつける活動として19世紀のアメリカの図書館で始まったが、1960年代に松岡享子[*7]らにより日本でも紹介され、児童図書館サービスの一環として全国の図書館や文庫活動を通して広まっていった。テキストを覚え、少し暗くした部屋で「おはなしのろうそく」を灯して語る形式として知られる[*8]。

④語り

　昔話などの民話は家庭や地域において口承で伝承されてきた物語である。

中川李枝子作　大村百合子絵『いやいやえん』（福音館書店　1962年）

ルース・スタイルス・ガネット作　ルース・クリスマン・ガネット絵　渡辺茂男訳『エルマーのぼうけん』（福音館書店　1963年）

寺村輝夫作　和歌山静子絵『ぼくは王さま』（理論社　1979年）

今、その伝承の力はほぼ消滅しているといってよい。そのようななかで昔話の語りの力や楽しさを伝えたいと考える人々が、地域の学校や図書館等で語り部として語りの実践を行っている例が多くみられる。土地に伝わる伝承を掘り起こし、地域の言葉で語る者も多い。

　以上のように、おはなしといってもさまざまなスタイルがあるわけだが、そのなかで素材として取り上げられることの多い昔話について述べる。

　昔話や伝説、神話、わらべうたなどを総称して民話と呼ぶ。これらに共通する特徴は、本来口承の伝承であったこと、作者不詳の物語であることである。

　昔話は文字伝達の手段をもたない時代から、生きるための先人の知恵や教え、価値観、娯楽、自然や環境への畏敬、謎解き、また為政者の圧制を跳ね返す心を次世代へ伝えようと語られてきた物語である。「昔々あるところに…」と始まり「めでたし、めでたし」で終わる、同じ問答を3度繰り返すなど、その様式や物語の構造においてさまざまな特徴を具えている。昔話の語りの様式についてはドイツのマックス・リュティ理論がよく知られている[9]。

　昔話は人生のあらゆる側面について語る。人生には光と影があり、幸せで喜びにあふれることもあれば、残酷でつらいことにも遭遇する。時には歯を食いしばって苦難を乗り越えたり、恐怖に身がさいなまれることもある。

　ところが、現在流布している子ども向けの昔話のなかにはこれらの本質をないがしろにし、残酷に思われる表現を削除したり書き換えたりしているものが少なくない。子どもに人生の一面だけ見せているのでよいのだろうか。保育者として、教育者として、祖先から受け継いできた文化を継承し次世代に伝えていく責任があるのである。

(3) 紙芝居とペープサート

　紙芝居は、日本独自の文化財である。その歴史は江戸時代の写し絵（関西では錦影絵と呼ばれた）に遡るといわれる。明治期半ば過ぎには写し絵は衰退し、「立絵」と呼ばれる紙人形芝居が出現した。厚紙の表裏に絵を描き、周囲を黒く塗り、団扇のように棒をつけ、黒幕の前で演じるものであった。だが、立絵紙芝居そのものは次第にすたれ、現在紙芝居と呼ばれる平絵紙芝居が考案されたのである。紙芝居作家まついのりこらが1990年代よりベトナムやラオスで普及活動を行うなど、近年、紙芝居文化は海外へも広がりをみせている。

　戦後1947（昭和42）年、紙芝居の実演家でもあった永柴孝堂により立絵紙芝居はペープサート（paper puppet theaterを基にした和製英語）と名付け

※7　松岡享子
　児童文学の翻訳、創作、研究の多方面で活躍。東京子ども図書館を設立し、現在名誉理事長。アメリカの図書館で児童図書館学を学び、帰国後日本で最初の児童図書館員となる。ストーリーテリングの紹介と普及に努めた。

※8
　おはなしを語るためのテキストとして次の叢書がよく知られている。東京子ども図書館編『おはなしのろうそく』1～31　東京子ども図書館　1973～2016年

※9
　マックス・リュティ（Max Lüthi）は、主人公は動物が突然口をきいても驚かない、手や足を切っても血は流れず、まるで紙細工を切るように平面的に語る、などの様式理論を唱えた。マックス・リュティ『ヨーロッパの昔話』（岩崎美術社1969年）、小澤俊夫『改訂　昔話とは何か』（小澤昔ばなし研究所2009年）が参考になる。

られ、保育の場で活用されていくこととなった。立絵との違いは、黒幕ではなく、人形劇のような背景の前で、白い紙の表裏に描かれた紙人形で演じることである。これは子どもにも簡単に作ることができ、操作も簡単であることから保育の場で広がっていった。

ペープサートは、上記のように舞台を作って演じるもののほか、表裏の変化を利用したクイズや歌唱指導に使われることも多い。また、実習の際、自己紹介に使用する学生も多い。

舞台で演じる場合、表裏に同じポーズの人形を左右の向きに描くことで方向性を表す基本人形[10]、表裏に異なる表情を描いて変化を表す活動人形[11]などが使われる。また舞台で演じる際は、登退場のさせ方に注意する。舞台であるので、必ず舞台のそでから登場し、そでから退場するように演じることを心がける。

※10 基本人形

※11 活動人形

(4) パネルシアターとエプロンシアター®

パネルシアターとは、フランネルのような毛羽立ちのよい布地を張ったパネル板に絵人形を貼ったりはがしたりして演じる[12]。絵人形には、Pペーパーと呼ばれる不織布が用いられる。

児童文化研究家・浄土宗西光寺住職の古宇田亮順が1973（昭和48）年に考案したものである。古宇田はキリスト教布教用に実演されていたフランネルグラフを改良し、直接絵が両面に描け、パネル板にそのまま付着する不織布をPペーパーと名付けた。

パネルシアターは、物語だけでなく、歌唱指導、クイズ、ゲーム等さまざまな場面で活用できる。Pペーパーには両面に絵が描けることで、裏返したり、絵と絵を重ねたり、糸で留めて動きを出したりすることができる。そこから思わぬ展開を生み出すことができる[13]。

※12 パネルシアター

※13 参考図書
古宇田亮順『実習に役立つパネルシアターハンドブック』(萌文書林 2009年)

※14
「エプロンシアター®」は商標です。利用に際しては、商標権利者である乳幼児教育研究所中谷真弓氏の許諾が必要です。本書では使用許諾を得て、掲載しています。

エプロンシアター®は、胸当ての付いたエプロンに背景を縫いつけて舞台にし、ポケットから人形を登場させて演じる人形劇である。1979（昭和54）年に中谷真弓が考案し、発表した[14]。エプロンと少し厚みをもたせたフェルト製の人形には面ファスナーが付いており、付けたり外したりしながらお話を進行させる。また他の舞台形式のものと異なり、エプロンの舞台は移動が可能である。演じ手は舞台とともに歩いたり、向きを変えることで演技に広がりをもたせるこ

『大きなリンゴの木の下で』
さくらともこ：作

とができる※15。

パネルシアターやエプロンシアター®は、保育教材としては比較的新しい文化財であるが、人形劇、紙人形劇の一種として広く定着している。

(5) 人形劇

人形劇は人形を使って演じる演劇様式で、古くから世界各地で行われてきた。宗教や信仰と関連するものも多く、民俗芸能として発展してきた。日本では、文楽（人形浄瑠璃）などがよく知られている。

子どもを対象とした人形劇の活用は倉橋惣三に始まるといわれる。倉橋は東京女子高等師範学校（現お茶の水大学）付属幼稚園の園長をしており、自ら子どもに人形劇を演じて見せたり、脚本を書くなどして、昭和の初めより幼稚園での人形劇の普及に尽くした。「おおかみと七匹の子やぎ」や「三匹のこぶた」などが演じられていた。

人形劇の種類としては、フィンガーパペット（指人形）、ハンドパペット（手遣い人形）、ロッドパペット（棒遣い人形）、マリオネット（糸操り人形）などがある。人形劇の人形に表情はないが、動きによって感情を表現する。子どもたちは人形に命が通っているように感じ、心を惹きつけられるのである。舞台で演じるだけではなく、日常の子どもたちとのやり取りにも活用できる。

※15 参考図書
中谷真弓『ロンロンエプロン ロン 楽しいエプロンシアター』（メイト 1994年）

● 「第9章」学びの確認
①図書館の児童室へ行き、親子が一緒に絵本を読んでいる姿を観察してみよう。
②おはなしを一話選定し、覚えてみよう。覚えてグループで語ってみよう。
③幼年童話を読み、その特徴について話し合ってみよう。
●発展的な学びへ
①子どものことばを育む環境を豊かなものにするにはどうしたらよいのか。
　現代日本の子どもが置かれている状況にどう関わっていけばよいのか、保育者としてできることを調べ、話し合ってみよう。
②ディズニー・アニメの白雪姫とグリム童話の白雪姫を比較し、ディズニー・アニメの改変の意図について考えてみよう。

引用・参考文献

1）松居直『絵本をみる眼』日本エディタースクール出版部　1978年　p.3
2）広瀬友紀『ちいさい言語学者の冒険―子どもに学ぶことばの秘密』岩波科学ライブラリー　2017年
3）田澤雄作『メディアにむしばまれる子どもたち―小児科医からのメッセージ』教文館　2015年
4）原昌・片岡輝編著『児童文化第2版』建帛社　2008年
5）川北典子・村川京子・松崎行代編著『子どもの生活と児童文化』創元社　2015年
6）松岡享子『〈たのしいお話〉お話を語る』日本エディタースクール出版部　1994年
7）藤本朝巳『昔話と昔話絵本の世界』日本エディタースクール出版部　2000年

●○● コラム ●○●

「三匹のこぶた」の狼は悪者か？

　「三匹のこぶた」は保育現場で最も頻繁に題材として取り上げられる昔話であろう。イギリスのジェイコブズ（J.Jacobs）の再話により世界中に知られるようになり、日本にも明治末期に紹介された。

　さて、ジェイコブズの再話によれば、狼は次々に子豚を食べてしまう。しかし、レンガで家を造った子豚は狼と知恵比べの末、勝利し狼を夕食に食べてしまう。この結末を聞いて学生たちは一様に驚き、残酷すぎると言う。子豚も狼も食べられることなく、狼は逃げていく、もしくは謝って仲直り（？）するものだと思っていたからだ。

　なぜ、狼は謝らなければならないのだろう。彼女らの知っている「三匹のこぶた」は最初から「悪い狼」と規定されているようだ。ではどんな悪事を働いているのか？　狼が子豚を食おうとすることか？　狼は肉食動物である。狼が子豚を襲うのは生きるためである。

　自分の幸せは自分でつかむ、動物は互いに食い合って生きている、生きていくためには知恵が必要というのがこの昔話のテーマである。弱者である子豚は知恵を使って強者である狼に打ち勝つ。まさに生きるための教えがこの昔話のなかには込められているのである。簡単な材料で手抜きをする怠け者は狼に負ける（勤勉の勧め）、狼は悪者（いじめっ子）だからごめんなさいを言いましょう、では薄っぺらな教訓話になってしまう。

　ところでこの昔話はディズニーの短編アニメーションとして昭和8（1933）年に公開されている。子豚が次々逃げ出し、狼がやけどを負って逃げていくストーリーはこのディズニー・アニメが起点である。

　あなたは保育者として子どもに昔話をどう伝えていきますか。

「三びきのこぶた」『金のがちょうのほん』レズリー・ブルック文／絵　福音館書店

第10章 絵本にはどのようなものがあるか

◆キーポイント◆

絵本は、乳幼児期から接する文化財の1つである。絵本のなかで特に大切な「ことば」は、日常生活のなかで父母や先生、あるいは友だちとかわす会話のなかでのことばやテレビなどから流れてくることばとは違う「書きことば」で、多くは文学的な質のことばである。幼児期に、この文学的な書きことばの体験をもっともっと大切にする必要がある。本章では、子どもにとって絵本とは何かを理解することが目的となる。そのためには、保育者自身がいろいろな絵本を読んだり、子どもに読み聞かせたりすることを通して、絵本と子どもの成長とのかかわりについて学び、絵本の特徴や価値を理解し、絵本が子どもの成長に欠くことのできないものであることを実感してほしい。

第1節 ● 絵本を読んでみよう

1 ── まず、たくさん読んでみよう

　幼い頃、お父さんやお母さんの膝に抱かれて、絵本を見たり読んでもらったりした経験は誰にでもあるに違いない。互いのぬくもりを感じながら絵本の世界にひたった心地よさは、その後の読書、さらには自分の人生に、大きな影響を与えていると感じる人も少なくないだろう。大げさなようだが、絵本には情緒を安定させ、ことばの獲得をうながし、想像力や空想力を豊かにするなどの価値が十分考えられるのである。

　絵本は、親と子ども、先生と子どもがともに楽しむもの、ともに「絵本の経験」を通して成長していくものである。まず保育者自身ができるだけたくさんの絵本を読み、それぞれのよさを知ってほしい。保育者が絵本のよさを理解しているか否かは、読み聞かせている子どもの成長にまで大きな影響を与えるといっても過言ではない。

2 ── いろいろな種類がある

　絵本にはさまざまな種類があり、それらはいろいろな基準で分類されている。内容はもちろん、絵本の表現技法あるいは構造上の特徴を基準にした分類もあるが、保育現場で扱う絵本を考えた場合は次のような分類がわかりやすい。

(1) 物語絵本

　物語絵本には生活絵本・創作絵本・昔話絵本が含まれる。

　生活絵本は、あいさつや手洗いなどの基本的な生活習慣を描いた絵本で、自分の体験が絵本と重なる喜びを知ることができる。

　創作絵本・昔話絵本は、質の面からも出版点数の面からも、絵本の中心となるものである。短編童話としての物語構成を成している絵本で、文章（物語）にも絵にもしっかりした骨組みがあり、イメージを刻みつけるリズムがあり、1冊を通して統一感のある世界をつくりあげている。

　特に昔話絵本は、長い年月を経て語りつがれてきた話をもとにつくられているので、子どもたちにはぜひ多く伝えたいものである。単に伝承の文学だから子どもたちにとって大切なのではなく、文学そのものとしてもよいものだから大切なのである。ただ、昔話絵本は再話（聞いたり読んだりした話をもとに物語ること）も挿絵もいろいろな人が手がけていて、同じ昔話でもたくさんの種類の絵本がある。再話や挿絵による脚色や改変も多いので、参考書（本章参考文献参照）などを利用して原話を大切にしているものをしっかり選びたい。

(2) 知識絵本

　知識絵本には、ものの絵本・科学絵本・数やことばの絵本・図鑑などが含まれる。

　ものの絵本は、日常生活のなかで直接経験するもの、すでに知っているもの（食べ物、動物、乗り物など）を中心に描いた絵本である。子どもが絵本のなかでそれらを発見し、絵と実物と「ことば」とを結びつけて再認識することを主眼としている絵本である。

　科学絵本・数やことばの絵本・図鑑などは、子どもたちの「どうして？」「知りたいなあ」という知的要求をみたし、知識の増加を図るものである。また、これらの絵本が知的なことに関心をもつきっかけになったり、関心があったものをさらに深め、子どもの認識する世界を広げることもある。

(3) **詩・わらべうたの絵本**

詩やわらべうた・童謡・子守唄を題材にした絵本である。

ことばは、音であり、そのひびきであり、リズムである。ことばのもっている音やひびきやリズムが、まず赤ちゃんの耳に入り、定着していくのである。ことばが、やがて意味を伝えるものであることが理解され、それが目的となるにしたがって、意味伝達に意識が集中されていく結果、ことばが本来もっている音やひびきやリズムといった感覚的なものは失われていく。しかも、現代では子どもにわらべうたや子守唄をうたってやることが少なくなってしまった。わらべうたや子守唄は、メロディーを知らなくても、読んでいて何とも言えぬおもしろさが感じられ、すばらしいリズム感があるので、子どもとともに楽しみながら日本語のもつ独自の音楽的な美しさを感じてほしい。

第2節 ● 絵本を選ぶ

1 ── 絵本をどう選ぶか

毎日の保育のなかで、子どもに絵本を読み聞かせたいという気持ちはあるものの、いざ絵本を選ぶとなると、なかなか決められないことが多い。それは、絵本を「与えよう」とする気持ちが強いからではないだろうか。絵本は「与える」というよりも読み手の保育者と聞き手の子どもが、1冊の絵本を通して経験を共有し、ともに楽しむものだと考えた方がよい。だから、基本的には保育者が好きな絵本、感動した絵本を選ぶことが望ましい。しかし、保育者が選ぶとなると視点がかたよってしまうことがあり、子どもたちがその影響を受けてしまうことが考えられる。保育者はそのことを認識し、なるべくバランスのとれた選書を心掛けたい。そこで、選ぶときのポイントをいくつか述べる。

・文を読まずに絵だけを見て、ある程度のストーリーが理解できるもの。
・ストーリーの構成がしっかりとしていてよく整理された内容を有しているもの。
・作者のしっかりとしたメッセージがあるもの。
・文と絵のバランスがよく、場面ごとにつけられた絵が文章と合っているもの。

- 洗練された美しい日本語で書かれた文章と、魅力あふれる絵で構成されているもの。
- 物語の文学的な質が高く、絵の美術的な質も高いもの。
- 子どもたちに長く受け入れられ、信頼されているもの（初版からある程度の年月を経たロングセラーである）。
- 昔話絵本の場合、原話から逸脱して再話されていないもの。

これらのポイントをすべてクリアしていなければ、よくない本ということではない。あくまでも選ぶときの「めやす」にしてほしい。もっとも大切なのは、子どもたちの目と、自分の目を信じることである。子どもたちがおもしろいと思うものは、よく読まれているし、自分が読んでおもしろいと思ったものは、その気持ちが子どもたちに伝わるからである。

2 ── 年齢や季節、行事にふさわしいか

子どもに読み聞かせる場合「理解しやすい」ことが要求されるが、そのためには年齢や過去の経験、現在の状況（興味・関心）など発達段階を考慮しなければならない。

(1) 年齢を考慮した絵本選び

例えば、2歳くらいまでの子どもたちは、誘いかけるような呼びかけや繰り返しのことば、リズムや動きがあり、響きのよいことばにひきつけられる傾向がある。この時期の子どもたちには『ころころころ』『かささしてあげるね』など音のひびきを楽しめる絵本がよい。2歳になる頃には、日常の生活体験が少しずつ積み重なって、ことばも次々と覚え、自分から表現することに興味をもちだす。『いやだいやだ』『みんなうんち』などの、子どもの日常生活にそった絵本は最適である。また、『かばくん』『おやすみなさいのほん』のような詩の絵本も大切である。

(2) 季節・行事を考慮した絵本選び

日本には四季があり、それに合わせて幼稚園や保育所で子どもたちに経験させたい行事がある。そのため、「夏だからこの絵本を読まなければ」「七夕にはこの絵本よ」「クリスマスだからこの絵本」と決まりごとのように考え、それらの行事にまつわる絵本を読めば、季節感を味わったり行事への関心が高まったりすると考えがちである。しかし、必ずしもそうではない。

例えば、夏が近づいてくると水を使った遊びが盛んになる。砂や土にもダ

イナミックに水が加わりどろんこになる。どろんこ遊び、ボディペインティング、洗濯遊び、プールでの水遊びなど、子どもたちは全身でそれらの感触を味わい楽しく遊ぶなかで、ものの性質に気づく。ことばや動きで工夫して表現し、想像力をふくらませていく。友だちのよさにも気づき、さらに遊びが深まっていく。そんなときに『どろんこハリー』『どろんこどろんこ』『せんたくかあちゃん』『ぐりとぐらのかいすいよく』などを読み聞かせたらどうだろう。子どもたちは目を輝かせ心を躍らせながら興味をもって聞くだろう。そしてもっと遊びを楽しもうとするにちがいない。

　季節感を味わえるようにすることも、行事を知らせ楽しく参加できるようにすることも大事ではあるけれども、それらが単独で存在し進んでいくわけではない。いちばん大事なのはそこにいる子どもたちである。目の前の子どもたちを理解し、その子どもたちにそっていくことを忘れてはならない。

3 ── 子どもは繰り返しが大好き

　昔話絵本のなかによくみられる「繰り返し」は子どもたちの大好きなものである。例えば『おおきなかぶ』の繰り返しとそのなかに仕組まれたユーモア、そして満足のいく結末。『三びきのやぎのがらがらどん』の力強い繰り返しの問答と、思いもかけぬやぎの逆転勝利。てぶくろのなかに動物が7匹も入る『てぶくろ』の不思議さと繰り返し。こうした昔話に代表される、一見、退屈でわずらわしく思われる繰り返しが、子どもにはとても魅力的である。予測できる楽しさ、そして、時にその予測がくつがえされる楽しさがあるからである。

　保育者にとっては、この繰り返しが無駄なもののように思えるときもあるようだが、絵本のなかの繰り返しは省略しないで丁寧に大切に読んでほしい。

　また、繰り返し読む、ということも大切である。子どもが1人で、繰り返し1冊の絵本を見ていると、はじめはわからなかったところがわかるようになり、気づかなかったことに気づくこともある。絵本のなかに発見することがだんだん多くなり、その本の世界を通して想像する世界も充実し明確になってくる。こうして子どもは1冊の絵本を、時間をかけて読み取っていく

のである。

　子どもは気に入ったお話は何度でも読んでほしいという気持ちが強い。特に文字がわからないうちは、読んでもらいたがる。その気持ちにこたえて、同じ絵本を繰り返し読んであげることは大切である。

4 ── 代表的な絵本のリスト

① 『おんちょろちょろ』(瀬田貞二作　梶山俊夫絵　福音館書店)
② 『くだもの』(平山和子作、福音館書店)
③ 『いないいないばあ』(松谷みよ子文　瀬川康男絵　童心社)
④ 『かささしてあげるね』(長谷川摂子文　西巻茅子絵　福音館書店)
⑤ 『ころころころ』(元永定正作　福音館書店)

　　小さい、くっきりとした色玉が、鮮やかな色のなかや、形のなかを前へ前へと歩むとき、不思議と躍動的な色玉になる。読む人の心を色玉にのせて、明暗、静寂、激動など色玉とともに場面をイメージして、変化のあるリズミカルな読み方をしてみてはどうか。

⑥ 『もこ　もこもこ』(谷川俊太郎作　元永定正絵　文研出版)
⑦ 『かばくん』(岸田衿子作　中谷千代子絵　福音館書店)
⑧ 『みんなうんち』(五味太郎作　福音館書店)
⑨ 『いやだいやだ』(瀬名恵子作・絵　福音館書店)

　　同じシリーズに『にんじん』『ねないこだれだ』『もじゃもじゃ』などがある。

⑩ 『おやすみなさいのほん』(マーガレット・ワイズ・ブラウン文　ジャン・シャロー絵　石井桃子訳　福音館書店)
⑪ 『おおきなかぶ』(内田莉莎子再話　佐藤忠良画　福音館書店)
⑫ 『三びきのやぎのがらがらどん』(マーシャ・ブラウン絵　瀬田貞二訳　福音館書店)
⑬ 『てぶくろ』(エフゲーニ・M・ラチョフ絵　内田莉莎子訳　福音館書店)
⑭ 『ぐりとぐらのかいすいよく』(中川李枝子文　山脇百合子絵　福音館書店)

　　「ぐりとぐら」のシリーズは『ぐりとぐらのえんそく』『ぐりとぐらのおきゃくさま』などほかにもいろいろある。

⑮ 『もりのなか』(マリー・ホール・エッツ文・絵　まさきるりこ訳　福音館書店)

　　子どもたちは、ラッパを吹きながら森のなかへ行くぼくに自分を重ね、空想世界を楽しむだろう。白く浮き出した動物、黒を基調にした森、コンテで描いたモノトーンの絵本である。

⑯『どろんこどろんこ』(渡辺茂男文　大友康夫絵　福音館書店)
⑰『どろんこハリー』(ジーン・ジオン文　マーガレット・ブロイ・グレアム絵　渡辺茂男訳　福音館書店)
⑱『せんたくかあちゃん』(さとうわきこ作・絵　福音館書店)
⑲『三びきのこぶた』(山田三郎画　瀬田貞二訳　福音館書店)
⑳『めっきらもっきらどおんどん』(長谷川摂子作　ふりやなな絵　福音館書店)

　真夏のある日、遊ぶ友だちを探しに神社にやって来たかんたは、誰もいないので、めちゃくちゃ歌を大声でうたった。すると、奇妙な声が神社の大木の穴のなかから…気がつくと化け物のいる夜の山。躍動感のあるユーモラスな絵が、おかしな化け物やこの世ならぬ世界の雰囲気を盛り立てている。

㉑『ももたろう』(松居　直文　赤羽末吉画　福音館書店)
㉒『しょうぼうじどうしゃじぷた』(渡辺茂男作　山本忠敬絵　福音館書店)
㉓『さっちゃんのまほうのて』(田畑誠一・先天性四肢障害児父母の会・のべあきこ・しざわようこ共同制作　偕成社)
㉔『ちいさいおうち』(バージニア・リー・バートン文・絵　石井桃子訳　岩波書店)
㉕『しずかなおはなし』(サムイル・マルシャーク文　ウラジミル・レーベデフ絵　内田莉莎子訳　福音館書店)
㉖『100まんびきのねこ』(ワンダ・ガアグ文・絵　石井桃子訳　福音館書店)
㉗『わたしのワンピース』(西巻茅子文・絵　こぐま社)
㉘『かいじゅうたちのいるところ』(モーリス・センダック文・絵　神宮輝夫訳　冨山房)

　いろいろな動物をミックスしたような、想像力に満ちた怪獣たちが登場し、子どもたちはテレビでおなじみの怪獣とは一味違う印象を受けて興味をもつ。夢と現実が交錯するなかで、自由に想像をふくらませながら楽しめる。

㉙『モチモチの木』(斉藤隆介作　滝平二郎絵　岩崎書店)
㉚『スーホの白い馬』(大塚勇三再話　赤羽末吉画　福音館書店)
㉛『しっぽのはたらき』(川田健文　薮内正幸絵　今泉吉典監修　福音館書店)

㉜『ははははのはなし』(加古里子文・絵　福音館書店)
㉝『もりのへなそうる』(渡辺茂男作　山脇百合子絵　福音館書店)
㉞『エルマーのぼうけん』(ルース・スタイルス・ガネット作　ルース・クリスマン・ガネット絵　渡辺茂男訳　福音館書店)
　「エルマーのぼうけんシリーズ」は全部で3冊ある。

第3節 ● 絵本から児童文学へ

1 ── 読み聞かせから読書へのつながり

　ことばというものは、目に見えるものではない。目の前には何も見えなくても、語られることばの力によって自分の頭のなかにその物語の世界を思い描けるのである。そのとき絵本の挿絵も大きな手助けをしてくれる。目に見えないことばの世界を自分で思い描き、目に見える世界にする力、想像力こそが読書力である。幼児期に子どもたちが耳から聞くどっしりとした存在感のあることばの世界を体験することがとても大切なのである。子どもは、生まれたときから豊かな想像力をもっているのではない。それは、直接・間接の体験を通して獲得されるものである。体験が豊かであればあるほど想像力も豊かになる。絵本は子どもにとって体験を豊かにする機会を与える。

　文字が読めない時期にもページをめくり、絵を見ながら読み聞かせで覚えた話をつぶやいていることがある。絵本を読んでもらっているうちに、自分でも読みたいと思ったり、絵だけでなく文字に関心が向くようになったりして文字を覚えるきっかけにもなる。

　しかし、自分で文字を読み、同時にそのことばを頭のなかで見える世界に置き換えることは、大きな負担で容易ではない。それに対して、大人に読んでもらって耳で聞き、ところどころにある絵を手がかりにして思い描くと、かなり容易である。絵本を読み聞かせることは、読書力の土台である想像力を伸ばすことにつながる。小学生になってからも、それまで十分楽しんできた「耳からの読書」を続けてほしい。しばらくすると、文字を読むことが楽しくて、幼稚園や保育所のころに繰り返し読んでもらった絵本を読んでみようとするようになる。丸暗記するほど知っている絵本は、安心して心を開ける友だちのようなものだ。だからこそ、絵本の世界の存在を確かめたくて繰り返し読むのである。これが読書への入り口である。

2 ── 広がる読書の世界

　自分で読むことが楽しくなってきたころ（小学校3年生〜4年生）が読書の分かれ道だとよく言われる。このころに本当におもしろい、感動できる良質の作品にめぐり合うと一層本が好きになっていく。そうすれば冒険物語・伝記・歴史もの・科学・スポーツなどのさまざまな本にも興味を広げ、読み進んでいくにちがいない。

　子どもにとって読書は、教養でも勉強でもなければ、ためになるからとか、役に立つからとかいうものでもない。それはただおもしろく、楽しいものなのだ。「本は楽しいもの」、これだけが子どもを本の世界へ導く力なのだ。

　また、読書は語彙や知識の量を増やしたり、知的な関心を育て、満足させたりする。また、情操教育にも役立つかもしれないが、それだけではない。文章を読み解き、ストーリーを楽しむことによって人の気持ちがわかるようになる。自分の思いや考えを整理する能力が知らず知らずのうちに身についていく。そして、もっと社会生活が広がり人間関係が広がっていくと、人間として幅広く豊かな生き方をすることにもつながっていく。

　ストレスの多い現代社会において、誰に気兼ねすることなく、心から思う存分笑ったり、泣いたり怒ったりすることも、精神衛生上効果的である。両親や先生に読んでもらった絵本の世界、自分の力で広げてきた読書の世界、これらと現実との葛藤に身を置くことで人生を考えることができるようになる。保育者をめざす人には、それを自分自身の生きていく知恵とするとともに、これらのよさや意義を広く後世に伝えていってもらいたい。

●「第10章」学びの確認
①心に残っている絵本や大好きな絵本を取り上げ、その絵本のよいところを具体的にあげてみよう。
②子どもの発達に照らして読み聞かせたい絵本を選んでみよう。
●発展的な学びへ
①昔話絵本は再話者によっていろいろな絵本がある。読み比べてみて原話とどこがどのように違うのか考えてみよう。
②絵本は保育環境の1つでもある。園生活のなかで子ども自身が絵本を見たいときに手に取って見られるようにするには、どのような場に置くのか、絵本の種類・内容・量などはどうしたらよいのか考えてみよう。

引用・参考文献

1）中川正文『絵本・わたしの旅立ち』絵本で子育てセンター　2006年
2）松居直『絵本とは何か』日本エディタースクール　1973年
3）棚橋美代子・阿部紀子・林美千代『絵本論　この豊かな世界』創元社　2005年
4）日本子どもの本研究会絵本研究部編『絵本子どものための300冊』一声社　2004年
5）日本子どもの本研究会絵本研究部編『絵本子どものための500冊』一声社　1989年
6）石井桃子編・訳『イギリスとアイルランドの昔話』福音館書店　1981年
7）町田嘉章・浅野建二編『わらべうた』岩波文庫　1962年

第11章 絵本の読み聞かせをやってみよう

◆キーポイント◆

　絵本の読み聞かせは、「絵本のすばらしい世界を子どもたちに伝えたい」というような保育者の愛情に満ちた願いと、「絵本を読んでほしい」という子どもたちの素直な気持ちが合わさって成立するものである。狭義には、「読み聞かせ」とは「子どもに本を読み聞かせること」をさすが、そこに押しつけ・強制の意味はなく、その根底にあるのは絵本を通した保育者と子どもとの心の交流である。
　子どもの心に響く読み聞かせを行うために、その準備には十分時間をかけたい。絵本の選び方（第10章参照）、環境設定、導入、読み方・めくり方など、場を想定したさまざまな準備や工夫が必要である。
　絵本の読み聞かせを行うことで、子どもの絵本に対する興味や関心が深まり、さまざまな作品世界を楽しむ力が身についてくる。それは、想像力を自由に働かせて、いろいろな立場で物事が考えられる、心の豊かな人間に成長していくことにつながるすばらしい力であるので、ぜひ全ての子どもに身につけさせたい。

第1節 ● 読み聞かせの効用

1 ── 読み聞かせとは

　「読み聞かせ」とは、狭義には「子どもに本を読み聞かせること」をさすが、この場合の「聞かせる」には押しつけ・強制の意味はない。「この絵本はとてもすてきな絵本だから、子どもたちに読んで聞かせてあげたい」「この絵本のすばらしい世界を子どもたちに伝えたい」というような、保育者の愛情に満ちた願いと、「ぜひ絵本のお話を聞きたい」「絵本を読んでほしい」という子どもたちの素直な気持ちが合わさって初めて成立するもので、「絵本を媒介とした保育者と子どもの心の交流」が根底にあることを忘れてはいけない。幼稚園教育要領および保育所保育指針の領域「言葉」のねらいにも、「…絵

本や物語などに親しみ、言葉に対する感覚を豊かにし、先生（保育士等）や友達と心を通わせる」とあり、「心を通わせる」ことに結びつくことが明記されている。「幼保連携型認定こども園教育・保育要領」では、「絵本や物語等に親しむとともに、言葉のやりとりを通じて身近な人と気持ちを通わせる」とある。読み聞かせの実践家として知られる波木井やよいは「読みきかせは、本との出会いのお手伝い」「読みきかせをする人は『Reading Supporter（応援者）』と考えたい[1]」と述べているが、ぜひ参考にしたいことばである。

読み聞かせは、保育者の肉声で語られる。これがまた魅力である。絵本の読み方そのものであったら、DVDやCDなどに録画・録音されたプロの役者・語り手のものの方が上手かもしれない。しかも現代はインターネットの利用によっていつでもどこでもそのような映像や音声を楽しめる環境にある。しかし、子どもたちにとっては、たとえプロのように上手に読めなくとも、親や保育者が心を込めて読んでくれた方が何倍もうれしい。

それは、やはり「読み聞かせ」は、録画・録音されたもののように一方的にお話を伝えるものではなく、読み聞かせを通して保育者と子どもとの心の交流があるからであろう。録画・録音されたお話は子どもの心にお構いなしにどんどん話が進められるが、保育者が肉声で行う「読み聞かせ」であれば、子どもの表情や反応をみながら、子どもの理解に合わせて絵本の頁をめくって読んでいくので、子どもの心はより安定した満たされたものになるのである。

2 ── 字が読めるようになった子どもにも「読み聞かせ」は必要

幼児後期、特に就学前になると、文字への関心が深まり、絵本を1人で読めるようになる子どもも増えてくる。子どもが進んで読むのなら自然に見守っていてよいのだが、保育者による「読み聞かせ」をやめるべきではない。子どもは文字を読んではいても、その文字が組み合わされて構成された文や文章の意味を理解するのには、時間を要する。文字を追うのに一生懸命で、想像をふくらませる余裕がない。文字を読む練習にはなっていても、絵本の世界に浸る楽しさを味わえず、絵本そのものに興味を失う。そんな事態に陥らないためにも、子どもたちが文字を読めるようになっても、ぜひ「読み聞かせ」は続けたい。

「読み聞かせ」をしてもらうと、文字を追わなくて済む分、目は絵本の絵（時には読んでくれる保育者）に向けることができ、絵本の世界により深く入り込むことができる。そして、何より「読み聞かせ」は、絵本を通じて保

育者と子どもの心の交流が図れるものなのだから。

3 ── 読み聞かせの効用

　絵本はそれに親しむことで言葉に対する感覚を豊かにし、子どもの心を育む大切な文化財である。絵本を通して保育者と子どもとの心の交流が図れる読み聞かせは、互いの信頼関係を深め、子どもの心を満足させて情緒の安定へと導く。「読み聞かせをたっぷり味わった子どもたちは、大人になっても、幼い頃に「読み聞かせ」によって得られた心の満足感、それを読んでくれた保護者のぬくもりを忘れないであろう。
　また「読み聞かせ」を通して養われた、絵本に対する興味や関心は、そのまま児童文学全体に向けられるようになるだろう。そして、いずれは絵が少なくとも（あるいは絵が全くない作品であっても）、1人で読書をするようになり、登場人物の気持ちが想像できたり、美しい情景が目に浮かんだり、といったような作品世界を楽しむ力が身についてくるのである。それは、想像力を自由に働かせて、いろいろな立場で物事が考えられる、心の豊かな人間に成長していくことにつながるすばらしい力であるので、ぜひ全ての子どもに身につけさせたい。

第2節 ● 絵本をどう使うか─読み聞かせの準備─

　保育の現場では、絵本はいろいろな場面で利用されている。例えば、絵本を題材として、紙芝居やペープサート、エプロンシアターをつくって演じられたり、台本をつくって子どもたちによる劇遊びに発展させ、発表会を行ったりすることもある。つまり、絵本の使い方はさまざまなのだが、ここでは基本的な使い方の1つ「読み聞かせ」の準備（下読みとリハーサル）について述べてみたい。

1 ── 選んだ絵本をじっくりと読む

　いきなり読む練習をするのではなく、まず自分が選んだ絵本をじっくり読んでみよう。この絵本の魅力、作者は読者に何を伝えたかったのか、など作品世界を読み解くことに、まず専念してほしい。子どもたちに絵本の世界の

魅力を伝えるには、読み聞かせる保育者自身がいかに作品世界を理解しているかが鍵となる。

2 ── 登場人物の気持ちを想像しながら音読する

次に、読み取ったことをもとにして、登場人物の心の動きなどに注意して音読する。会話の部分などをどのように読むと登場人物の気持ちに合った表現になるか、工夫してみよう。ただし、過剰に感情移入した読み方をすると、子どもは絵本より読み手の表現の方に注目してしまうので、あくまで自然な表現を心掛けよう。

3 ── 子どもの反応を予想しながら音読し、ページをめくる

まず、どのページも開きやすいように、絵本に開き癖をつけておこう。次に、子どもの反応を予想しながら、例えばページをめくるタイミングなども考えながら音読をしてみよう。ページをめくる瞬間、子どもは絵に集中しているので文は読まない。文字がないページがあれば、どんなことばかけをしたらよいのか（あるいは何も話さない方がよいのか）などを検討して、納得のいくまで繰り返し読んでみるのである。

可能であれば、実際に子どもたちの前で読む前に、友だちや家族など身近な人に自分の「読み聞かせ」を聞いてもらい、率直な感想を得るのもよい。「読み聞かせ」は一般に人前で読む機会が多ければ多いほど上手になっていく。身近に聞いてもらえる人がいない場合は、自分の読みを録音して聴いてみるのもよい。自分の声の質や読み方の癖などを知るのに効果的である。

第3節 ● 読み聞かせの方法
―準備が整ったら、実際にやってみよう―

1 ── 1人の子どもに対して行う場合

1人の子どもに読み聞かせをする場合は、抱っこしたり膝の上に乗せたりして、スキンシップを図りながら、子どもと一緒にページをめくりつつ、その子どものペースに合わせて読むとよい。

2 ── 集団の前で行う場合

(1) 場の設定

　集団の前で読み聞かせをする場合は、集団の人数によって、読み手(保育者)の姿勢(床に座る、いすに腰掛ける、立つなど)や位置を定め、採光や音響などにも気を配ることが重要である。子どもたちを読み手の前に座らせたら、全員の子どもに絵本がよく見えるかどうかを確認しよう。

　幼稚園・保育所では、お昼寝やお帰りの前に「読み聞かせ」を行うことがよくあるが、別にそれにとらわれる必要はない。ただ、継続的に行うのであれば、ある程度決まった時間に読んであげた方が、「今日はこの絵本、明日は何かな?」「そろそろ、絵本を読んでもらえるころだなあ。何かな?」などと、「読み聞かせ」の時間が来るまでの時間、想像をめぐらし、ワクワクしながら楽しく待つことができる。

(2) 導入の工夫

　集団の前で行う場合、いきなり絵本の読み聞かせに入ることは難しい。たとえ読み聞かせの時間が毎回決まっていたとしても、「これから絵本を読んでもらう」という心の準備ができていない子どもも当然いるだろう。

　そこで、集団の前で絵本の読み聞かせを行う場合は、その絵本世界へと誘う効果的な導入を工夫しよう。例えば、その絵本に関連する、歌や手遊び、クイズやゲーム、短いお話などが考えられるので用意しておきたい。

(3) 絵本の持ち方・めくり方

　絵本がぐらぐらしないように、絵本の下部を左手(あるいは右手)でしっかりともち安定させる。腰掛けているときは、膝の上に立てて絵本の上部をもってもよい。このとき、肘を体につけている方が安定性が高い。読み手の顔や手が絵本の画面をさえぎらないように注意しながら読むこと。めくるときも、なるべく指が絵本の場面をさえぎらないようにすること。子どもたちは、絵本の世界に浸っているのであるから、そこへ突然、腕や指があらわれると興ざめとなる。

　なお、絵本を持った場合、保育者は絵本を支えると同時に絵の額縁の役割も果たしている。作品を引き立てるような色の服装で臨みたい。

(4) はじめと終わりは丁寧に

子どもたちのなかには、「読み聞かせ」をはじめようとしても、集中できないでそわそわしたり、騒いだりする子どもがいるかもしれない。そういう場合は、しかったり無理やり座らせたりという方法は決してとらず、子どもたちが自然に保育者や絵本の方に関心を向けられるように、手遊びやことば遊びなどをやって、「これから先生と一緒に楽しい時間を過ごそう」という場・雰囲気をつくり出すように

心掛けよう。子ども全員が保育者の方へ関心を向けてくれたところで、落ち着いて今日読む絵本のお話をはじめるとよい。なお、絵本は表紙から裏表紙まで含めて1つの作品になっている。表紙（題名・作者）から裏表紙を閉じるところまで、すべてめくってみせること。特にいわむらかずおの『14ひきのひっこし』などの「14ひきシリーズ」は、表紙のカバーと表紙の絵が微妙に違っていて面白いので、ぜひ子どもたちにも気づかせてやりたい。

読み終わってから、子どもたちからいろいろな感想が出た場合は、時間が許す限りすべて聞いてあげよう。子どもが絵を見て感じたり、保育者のお話を聞いて感じたりしたことをことばで表現することは、「幼稚園教育要領」の「言葉」の領域に示されている「したり、見たり、聞いたり、感じたり、考えたりなどしたことを自分なりに言葉で表現する」という内容とも重なる。

したり、見たり、聞いたり、感じたり、考えたりなどしたことをことばで表現する力は、日常生活における子ども自身のさまざまな体験や保育者の適切な援助・支援の積み重ねによって育まれていく。絵本の読み聞かせは、このような力を育てる上でも効果的である。

ただし、子どもたちがしっかり聞いていたかどうかを試すような質問や、教訓めいた解釈は、保育者の方から極力発しないようにしたい。子どもたちがせっかく楽しんでいた絵本の世界を壊したり、せっかく絵本の方に向いていた興味や関心がそがれるおそれがあるからである。

3 ── 絵本を用いた日案例の紹介

第1節で述べたように、絵本は言葉に対する感覚を豊かにし、子どもの心を育む大切な文化財である。どんな絵本をどのように読むか、計画的に積み重ねることが、子どもたちを成長させ、日々の保育が楽しく豊かなものになる。ときには絵本の読み聞かせを中心に日案を立てることで、絵本の選び方

やそのねらい、読み聞かせの活動なども積極的に見直していきたい。

例えば、読み聞かせについても、幼児教育と小学校教育の連携の取り組みとして、「幼小連携読み聞かせ」が始まっているので参考にしたい（幼稚園・保育所・小学校の連携については、第6章参照）。ここで取り上げた日案は、小学1年生国語科の単元「おおきなかぶ」での1年生と年長児との「読み聞かせ交流会」の開催後に、あらためて小学校の学校司書が園に出向き、絵本の「読み聞かせ」を行った幼小連携の取り組みの1例である。

表11-1　絵本を用いた日案例　―『おおきなかぶ』の絵本を用いた日案―
5歳児○○○組　23名（男児12名／女児11名）　　　　指導者　保育教諭　○○○○
　　　　　　　　　　　　　　　　　　　　　　　　　　　　　学校司書　○○○○

日　時	平成○年6月○日(木)　天気：晴れ		
ねらい	読み聞かせを通して絵本やお話の世界に親しみ、繰り返しの言葉の響きやリズムを楽しむ。みんなで一緒にお話を聞き、自分が感じたり考えたりしたことを伝え合う喜びを味わう。 ※この日のねらいを記述する。		
内　容 活　動	お話を聞いて言葉の繰り返しやリズムを感じ、自分なりの言葉で表現する。 お話を聞いて自分が感じたり、考えたりしたことを友だちと伝え合う。 ※この日の内容や活動を、具体的な子どもの姿で記述する。		
時　間	予想される子どもの姿	保育教諭の援助・指導 （担任★司書☆）	留意点・配慮点
10：00	◇絵本が見える位置に座る ・挨拶をする。 ・先生のお話を聞いて、「うんとこしょ　どっこいしょ」と、体でリズムを感じながら楽しんだことなど、小学校のお兄さんお姉さん（1年生）との交流の様子を思い出す。	◇絵本が見える位置に子どもを誘導する。★ ・○日前に、小学1年生の児童から「おおきなかぶ」の話を聞いたことを話す。★ ◇司書を紹介する。★ ◇「おおきなかぶ」には、複数の絵本があり、その中から2冊（絵本1・絵本2）を持ってきたことを伝え、表紙を見せる。☆	◇担任は小学校の学校司書と一緒に活動を行う。 ◇「おおきなかぶ」の絵本1・絵本2を準備しておく。 ・担任は2冊の絵本を司書に見せてもらうことで、子どもが1年生児童から聞いたお話を思い出せるようにする。
10：05	◇2冊の「おおきなかぶ」の絵本のうち読んでほしい1冊を選ぶ。 ・「知ってる！」「おもしろいよ～」と、読んでほしい方の絵本を指で示して、読んでほしいという気持ちやその理由を嬉しそうに表現する。	◇子どもに今日はどちらを読んでほしいか尋ねる。また、どうしてそれを選んだのか理由を聞く。★	・子どもの表情を捉え、子どもが自分で感じたり、考えたりする体験ができるようにする。 ・今回読めなかった本は、後日、担任が読むことを伝え安心できるようにする。 ・子どもが自分の感じたことを言葉で表現できるよう、担任は子どもの目を見て丁寧に思いを受け止めながら聞く。
10：15	◇子どもが選んだ「おおきなかぶ」の話を聞く。 ・子どもから出た感想の中	◇子どもが選んだ絵本を読む。☆ ◇読み聞かせが終わった後、子どもから感想を聞	・子どもからの感想は、無理に聞き出すのではなく、子どもから伝えたい思いがあふれて言葉として自然に発せられるよう、読

	にあった「おじいさんとおばあさんと…」繰り返しの言葉の響きを、みんなで声に出して唱え、楽しさを共有する。 ◇手を挙げて、自分の思ったことを伝える。 ・友だちの話を聞く。 ・友だちの話を聞いて、面白いなあと思ったことや気づいたことがあったら伝える。 ◇今日の活動をふりかえる。	く。★☆ ・「伝えたい」「お話ししたい」ということが思い浮かんだら挙手で知らせるよう伝える。★ ・友だちのお話の内容がよくわかったり、面白いなあと思ったことに気づいたりするために、友だちがどんなことをお話するかよく聞くように声をかける。★ ◇今日の活動をふりかえり、次回の活動につなげる。★	み終わった後の余韻を楽しみながら待つ。 ・小学校への学びが滑らかにつながるように、どうしたらみんなが楽しくお話ししたり、聞いたりできるか気づかせながら、話し方や聞き方のルールが自然に身につくような言葉かけをする。 ・司書は、子どもから発せられた感想とかかわる場面の絵を開き、発表する子どもが話しやすいように、他の子どもについては発表者と一緒にその思いが共有しやすいように配慮し、必要な言葉かけをする。
10：30	◇挨拶をする。	◇終わりの挨拶をする。★☆	

資料：幼小連携実践例　豊田市立寺部こども園・豊田市立寺部小学校
絵本1：『おおきなかぶ』A・トルストイ再話　佐藤忠良画　内田莉莎子訳　福音館書店
絵本2：『おおきなかぶ』トルストイ話　ニーアム・シャーキー絵　中井貴恵訳　ブロンズ新社
※『小学校国語　新編　あたらしいこくご1上』(東京書籍)で採用されているのは絵本1

担任と司書が、2冊の「おおきなかぶ」のうち、どちらを聞いてみたいかを子どもたちに尋ねている。

読み聞かせがどのような様子だったかを報告した掲示板を見ている子どもたち。

● 「第11章」学びの確認
①読み聞かせにはどのような意味や効用があるのか考えてみよう。
②読み聞かせの方法や実際に行う場合の注意点をあげてみよう。
● 発展的な学びへ
①読み聞かせを行う時期や子どもたちの年齢（クラス）などを想定して、絵本作品を選んでみよう（リストを作っておくとよい）。
②①の作品について、実際の場を想定しながら、読み聞かせの導入・展開例を考えてみよう。

引用・参考文献

1）波木井やよい『読みきかせのすすめ－子どもと本の出会いのために－』国土社　1994年
2）松岡享子『えほんのせかい　こどものせかい』日本エディタースクール出版部　1987年
3）脇明子編著『子どもの育ちを支える絵本』岩波書店　2011年

第12章 紙芝居を演じてみよう

◆キーポイント◆

紙芝居は、絵本とともに乳幼児期から接することができる子どもの文化財であるが、絵本とは違う特性がある。大きく異なるのは、芝居であるという点である。つまり、集団としての観客を想定して作られている。子どもたちは友だちと一緒に楽しみながら、共感の喜びを感じ取っていく。このように集団に対して演じるように作られている紙芝居という文化財は、子どもが集団生活を送る保育の場でこそ、より活かされるべきだといえよう。

本章では、紙芝居ならではの特性を理解するとともに、その特性を充分に活かすことのできるような演じ方について学ぶ。さらに、保育のなかでの紙芝居の意義や今後の可能性について考える。

第1節 ● 紙芝居の特性

1 ── 紙芝居の魅力

紙芝居は、日本発祥の子どもの文化財である。従来から、保育所や幼稚園、図書館などで演じられてきた紙芝居だが、近年は、人の肉声による対面型のコミュニケーション・メディアとして、子育て支援施設、高齢者施設など、さまざまな場で幅広い対象に向けて演じられている。また、その教育性の高さや、共感し合える文化財としての魅力は、アジアの国々をはじめ、世界からも注目されている。人と人との交流を通してさまざまなメッセージを伝え合うという紙芝居の力や集団で物語を体験し共有できる場が、今あらためて求められているといえるだろう。

紙芝居は、表に絵、裏に文が書かれた紙を舞台に入れ、一枚ずつ順番にぬきながら語るという独自の形式をもつ。このとき、観客と向かい合って語るのが「演じ手」である。演じ手は、観客の様子を見ながら、観客と呼吸を合わせるようにして演じていく。観客は、演じ手の声を聞きながら画面を見ていく。そして、演じ手の声の調子や、画面を舞

写真12-1 演じ手

台からぬいたりさしこんだりすることによって生まれる「間(ま)」からも、物語の世界を感じ取っていく。そこには、演じ手と観客の、そして観客同士の作品世界への共感や心の交流が生まれる。そういった意味で紙芝居は、演じ手がいかにその紙芝居作品を捉えて演じるかによって、その魅力が活かされてくるものだといえる。

2 ── 絵本との違いにみる紙芝居の特性

　絵と文で作られている絵本と紙芝居は、似ているようだが大きな違いがある（表12-1）。
　絵本は、ページをめくりながら読み、ことばだけでなく、絵自体をじっくりと読み取ることができるのが特徴である。集団で読み聞かせてもらう場合もあるが、基本的には少人数で読んでもらったり、自分で手にとって読んだりすることを想定し、絵本と読者との一対一の関係に基づいて作られている。
　一方、紙芝居は、"芝居"である。舞台をはさんで演じ手と観客に分かれ、観客は演じ手に見せてもらう。限られた画面数のなかで、登場人物の動きとせりふによってドラマが展開される。紙芝居の絵は、登場人物が際立つような構図や色使いで描かれる。また、そこに演じ手がどう演じるかという演出力が大きく関わってくる。画面をぬくことで次の場面が表れる紙芝居は、常に次の場面への期待を高めるため、どのように画面をぬくかということも大切になる。
　さらに紙芝居は、集団で共有することを目的として作られている。大勢で一緒に画面に見入ったり、笑ったり、観客同士が存在を感じ合いながら楽しむものである。観客同士の心、そして演じ手と観客の心がつながり合い、場が一つになっていく。このように集団の心地よさを生み出す共有するメディアとしての力は、紙芝居の大きな特質だといえよう。

※1
子どもの文化研究所編『紙芝居―演じ方のコツと基礎理論のテキスト』（一声社　2015年　p.81）を参照し筆者作成。

表12-1　絵本と紙芝居の特性の違い[※1]

絵本	紙芝居
1　絵の芸術的表現	1　物語の芸術的表現
2　手にとって見る	2　距離をおいて演じ手に見せてもらう
3　絵を読み取る	3　ドラマを楽しむ（物語と実演の相乗）
4　納得してページをめくる	4　ぬく技術を重視
5　個人的理解	5　集団の共通理解

第2節 ● 紙芝居を演じる

1 ── 紙芝居を選ぶ

(1) 紙芝居を選ぶということ

　演じる前にまず重要なのは、どのような作品を選ぶかということである。対象となる子どもの興味や関心に合ったものを選ぼう。そしてまず、その作品が紙芝居ならではの特性がしっかりと活かされたものであるかということを見極めなければならない。また、子どもがことばを獲得し、育んでいく発達段階に出会う文化財の一つとして、心にしみこむ豊かなことばで表現されているか、その作品世界に合った芸術性の高い魅力ある絵で描かれているかどうかという判断も必要である。そのため、普段からさまざまな紙芝居に触れ、そうした選択眼を磨くことを心掛けたい。

　そして何よりも、自分が共感でき、心を重ね合わせられるものを選ぶことが不可欠だといえよう。演じ手自身がその作品が好きだという思いがあってこそ、子どもにもその作品世界が伝わっていく。子どもに届けたいと思う作品を選び、練習し、紙芝居の世界を子どもとともに楽しんでみよう。

(2) 紙芝居の分類とジャンル

　紙芝居は図12－1のように、大きく二つの型に分けられ、さまざまなジャンルに分類できる。

　二つの型のうち、「物語完結型」は物語が作品のなかで完結しているものを、「観客参加型」は観客の参加によって作品が成り立つものを指す。「物語

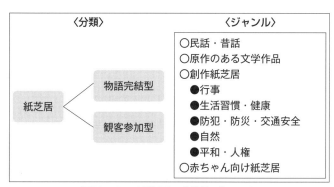

図12－1　紙芝居の分類とジャンル

完結型」は物語そのものを伝えるものだが、「観客参加型」では演じ手と観客とのコミュニケーションが必要とされる。

　複数のジャンルにまたがるものもあるが、おおよそこのようなジャンルに分けられる。民話・昔話など語り伝えられてきた物語には、生きていく力につながるようなメッセージが込められている。紙芝居は、その力を皆で受け止めているという一体感をもたらしてくれるといえよう。創作紙芝居には、集団で共有することを目的とし、指導性や生活性のあるものも多い。年中行事を取り上げたものや、その由来を描いているものもある。生活習慣・健康では歯磨きや食育、防犯・防災では地震や火事、自然では動物や身近な生き物や植物、平和・人権では戦争や障がいなどのテーマが含まれる。

　赤ちゃん向け紙芝居は、子育て支援の社会的ニーズの高まりとともに、数多く出版されるようになってきた。絵がはっきりとしていて見やすく、語りかけるようなことばであるという紙芝居の特徴が、赤ちゃんとコミュニケーションをとりやすい表現として活かされている。

(3) 紙芝居作品の紹介

　代表的なものから新しい試みまで、紙芝居の特性が活かされた作品のなかから紹介する。

○『たべられたやまんば』
　松谷みよ子脚本　二俣英五郎絵　童心社　1970年　16枚
　「三枚のおふだ」として知られる日本民話。生きるための知恵と勇気が、物語の奥底に感じられる。二俣英五郎の絵は、やわらかい色調だが、奥行きがあり人物が浮き上がる。第10回五山賞※2の絵画賞を受賞。

○『ころころじゃっぽーん』
　長野ヒデ子脚本／絵　童心社　2006年　8枚

　「やまからころころやーまいも　さとからころころさーといも」というわらべうたから作られた紙芝居。観客も一緒に、リズムに乗って歌いながら楽しめる。「ぬき」(p.160参照) を効果的に使って演じたい。

○『おねぼうなじゃがいもさん』
　村山籌子原作　村山知義脚本／絵　童心社　1971年　12枚
　童話作家の村山籌子が1937年に書いた原作を、村山知義の絵で紙芝居にし

※2　五山賞
　紙芝居作家の高橋五山を顕彰し、紙芝居文化の豊かな結実を願い、1962年に制定された賞。毎年度出版された紙芝居のなかから優秀作に授与される。

た。子どもの前で演じると、ナンセンスな表現の豊かさに気づかされる。個性のある者同士が互いに認め合うことの大切さを感じさせてくれる。

○『みみをすませて』和歌山静子脚本／絵　童心社　2013年　8枚
　朝を告げるニワトリ、三日月の下のフクロウの声。夏の一日が身近な自然の音でつづられていく。演じ手も観客も共に「みみをすませて」みたい。紙芝居ならではの表現に取り組む和歌山静子の作品。第52回五山賞受賞。

○『ちいさなおばけ』瀬名恵子作／画　教育画劇　1980年　8枚
　絵本『ねないこだれだ』で知られる瀬名恵子の切り絵の素朴さと力強さが、紙芝居でも活かされている。8場面と短いが、物語にしっかりと起伏がある。お月見の時期にぜひ読んでみたい。

○『てんとうむしのテム』得田之久脚本／絵　童心社　1970年　12枚
　昆虫の生態が忠実に描かれながらも、主人公のナナホシテントウムシのテムに自分を重ね合わせられる。主人公が鮮やかに浮かび上がるようなくっきりとした線で描かれ、さまざまな昆虫や夏の植物の描写も丁寧である。

○『ごろん』
　ひろかわさえこ脚本／絵　三石知佐子監修　童心社　2004年　8枚
　ねずみさんが「ごろん」。うさぎさん、たぬきさんもみんな原っぱで「ごろん」。黄緑色の背景に、丸みのある動物たちが「ごろん」と転がる姿が描かれる。一緒に「ごろん」したくなる、乳児から参加して楽しめる紙芝居。

○『おおきくおおきくおおきくなあれ』
　まついのりこ脚本／絵　童心社　1983年　8枚
　参加型の紙芝居の世界を切り拓いたまついのりこの作品。観客の「おおきくおおきくおおきくなあれ」の声に合わせて演じ手が画面をぬく。「おおきく」という子どもの願いに応えるように読みたい。第22回五山賞受賞。

○『ぶたのいつつご』

　高橋五山作／はり絵　童心社　1968年　8枚
　貼り絵で作られたそっくりな5匹のこぶた。でも、どこかが違う。みんなで「あてっこ」をたのしむ紙芝居。高橋五山の試みた紙芝居は、半世紀を経てもなお子どもを魅了する力をもつ。

2 ── 紙芝居を演じる前に

(1) 下読みと試演

いきなり演じるのではなく、必ず下読みをし、作品の内容を把握する。その際は実際に演じるように紙芝居を立てて行うのではなく、机の上に自分で絵が見える状態で置く。左側には文（脚本）が書かれた紙を置き、絵がどのように描かれているのかをしっかり見ながら照らし合わせる。演出ノート※3を参考に、登場人物の気持ちや物語の展開を意識し、どう演じるとその作品の持ち味が活かされるかを考えていこう。また、ぬけている画面はないか、順番通りに並んでいるか、必ず確認しよう。

下読みができたら、紙芝居用の舞台に入れて試演してみよう。実際に声に出し、画面を動かしてみることで、声の調子やリズムをつかむことができる。このとき鏡の前でやってみると、画面の動かし方などの効果を確かめられる。

> ※3 演出ノート
> 　作家が作品世界をより生かしてほしいという願いで書いているもの。脚本の下部に書かれている場合が多い。

(2) 舞台の配置

紙芝居の絵は、舞台に入れて演じるように描かれている。絵の効果を最大限に活かすためにも、紙芝居用の舞台に入れて演じるようにしよう。手で持ちながら演じるときのようなぐらつきがなくなり、「ぬく」、「さす」という動きも効果的に行える。さらに、舞台が額縁のような役割をし仕切られることにより、その世界に入り込める空間が作り出される。

また、紙芝居自体に子どもが集中できるように、背景に目障りなものがない場所に舞台を置く台※4を設置する（図12-2）。子どもの頭より少し高めの位置にすると、後方からも見やすい。最前列の子どもが、少し見上げるくらいの位置がよいだろう。子どもが床に座っている場合は、演じ手も座ったり、立て膝で演じたりするようにするとよい。

紙芝居は舞台に入った状態で始めるが、演じるときに観客の前で舞台に入れる機会も多い。その際は、無造作にではなく丁寧にさしこもう。

> ※4 舞台を置く台
> 　台は、幅60cm×奥行き40cmくらいの大きさだと、演じやすい。

図12-2　舞台の配置

(3) 演じ手の位置

演じ手は、舞台の下手（観客から見て左手）横に、子どもたちと向き合うように位置する。紙芝居は観客から見て右から左にぬくように描かれ、進行方向が固定されているためである。さらに、舞台のなかの作品世界が、演じ手がいる現実空間とは区別される。この時、舞台のやや後ろに立つと、子どもたちの表情を見ることができ、対話しながら演じやすい。また、演じ手自身も作品の背景の一部になる。服装も考えて選んでおこう。

3 ── 紙芝居の演じ方

(1) 型による違いと演じ方の基本

「物語完結型」、「観客参加型」という型の違いによって、演じ方も異なる。「物語完結型」では、作品と子どもが直接関わり合えるよう、演じ手は黒子のような存在で前面に出ないようにしたい。一方、「観客参加型」では、子どもとことばや動作をやりとりするため、演じ手は存在感をもつ。紙芝居・子ども・演じ手の三者がバランスのとれた関係を意識して演じるとよいだろう。

そして、紙芝居を演じるときには、＜声＞・＜間（ま）＞・＜ぬき＞という3つが基本となる。図12－3はその3つの基本と留意点についてまとめたものである。それぞれについてみていこう。

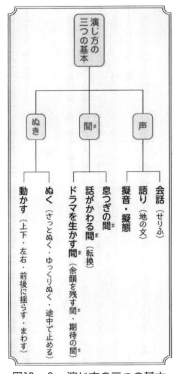

図12－3　演じ方の三つの基本
出典：子どもの文化研究所編『紙芝居─演じ方のコツと基礎理論のテキスト』一声社　2015年　p.22

(2) 声─せりふ・語り・擬音─

「物語完結型」の場合には、会話と語り、擬音・擬態という3つに合わせた声の出し方がある。演じ手の＜せりふ＞の言い方によって、登場人物の子どもへの伝わり方が変わってくる。演じ手はしっかり下読みをし、登場人物への理解を深めておきたい。そして、"だれが、だれに向かって、どんな気持ちで、またはどんな状況で話しているか"といったことを、場面設定を理解して、声の"高低""緩急""強弱""明暗"[※5]を組み合わせて、その場面にふさわ

※5　声の"高低""緩急""強弱""明暗"
　高さ（高い、中くらい、低い）、速さ（速い、中くらい、ゆっくり）、強さ（強い、中くらい、弱い）、感情（明るい、中くらい、暗い）というように分けられる。

しい言い方をすればいい」[1]のである。その際、声色(こわいろ)を無理に使う必要はない。登場人物の気持ちを子どもに伝えることを、第一に大切にしよう。

　演じ手が自分の＜語り＞に酔ったり、＜擬音＞を大げさに表現したりすると、観客が入り込んでいる世界を壊しかねない。ことばのニュアンスを捉え、子どもの心を静かに揺り動かす豊かな表現を心がけよう。

　「観客参加型」の場合は、自分が一番楽な発声で子どもと楽しみながら読むとよいだろう。

(3)　間(ま)—息継ぎの間・転換の間・ドラマを生かす間—

　＜間＞にも、さまざまな意味合いがある。＜ドラマを生かす間＞には、しみじみとした情感を残すことができる＜余韻を残す間＞、何か起こりそうだと思わせる＜期待の間＞などがある。＜期待の間＞は、声の強弱、語尾の延ばし方などと組み合わせて用いると効果的である。

　紙芝居のドラマを生かす鍵は＜間＞が握っているともいえる。子どもの前で演じる経験を積みながら、＜間＞の取り方を磨いていこう。

(4)　ぬき—ぬく・動かす—

　＜ぬく＞には、さっとぬく、ゆっくりぬく、ぬきながら、途中で止めるなど、さまざまなぬき方がある。＜さっとぬく＞は強調する効果をねらっているため思い切りよくぬき、＜ゆっくりぬく＞は余韻を残すことを大切にぬく。＜ぬきながら＞は文がつながっている場合のため、ことばが途切れないようにしよう。＜途中で止める＞は2枚で何枚か分の効果をあげることができたり、文とうまく合わせて演出上の効果をもたらしたりすることができる。また、＜声＞や＜間＞との絡みがあるため、三つの効果を組み合わせて使っていくようにしたい。

　＜動かす＞も、紙芝居ならではの演じ方である。舞台のなかで画面を上下・左右・前後に揺らす、回すなどの動かし方がある（図12-4）。動きの幅は5mmから10mm程度で、指をかけている方だけを動かす。上下に動かすと人物が歩いているように見せたり、前後に揺らすと風が吹く様子を表現できたりする。やみくもに動かすのではなく、効果が期待できる場面を絞り込んで取り入れてみよう。

第12章●紙芝居を演じてみよう

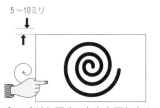

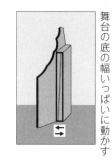

回す　　　　　　　　　　つけたまま動かさない　　　上下に動かす
ゆっくりと回す。左右上下とも1cm
から1.5cmぐらいの幅でゆっくり
画面を回す。だんだん速度を早める

図12-4　紙芝居の動かし方
出典：子どもの文化研究所編『紙芝居—演じ方のコツと基礎理論のテキスト』一声社　2015年　p.68

(5) 画面をさしこむ

　画面を＜ぬく＞ことと共に、紙芝居には＜さしこむ＞という動きがある。画面をさしこむのは、物語を進めるためだけではない。さしこむ動きによって、子どもは次に出てくる画面に集中できる。また、演じ手が気持ちをこめて画面をさしこむことによって「間」が生まれ、そのなかで子どもは想像豊かにたのしむことができる。さしこみながら次の画面を読んだり、読み終えたものを差し込まないで手元に置いたりせず、さしこみの「間」も大切に演じよう。

(6) 赤ちゃん向け紙芝居を演じる

　赤ちゃん向け紙芝居は、目の前の子どもの表情や様子をよく見ながら演じていこう。そこで生まれる＜間＞が、子どもと一緒に楽しむための重要な要素ともいえる。親子の触れ合いを自然に促し、その後の触れ合い遊びにつながるものもある。親子に向けて演じる際は、演じ手が赤ちゃんへ直接語りかけるだけでなく、親が子へ語りかけ、触れ合う＜間＞も大切にしたい。

第3節　保育における紙芝居

1 ── 保育と紙芝居

(1) 紙芝居と保育とのかかわりの歴史

　紙芝居は、保育に欠かすことのできない子どもの文化財である。その歴史

※6
それ以前の紙芝居の起源や歴史については、12章のコラム「紙芝居の歴史」に詳しい。

※7 『紙しばい屋さん』

アレン・セイ（ほるぷ出版　2005年）
日系アメリカ人の絵本作家アレン・セイは、この当時の一人の紙芝居屋さんの姿を絵本に描いている。

※8
『教育紙芝居集成：高橋五山と「幼稚園紙芝居」』(高橋洋子編著　国書刊行会　2016年)では、その全30作品の全貌を知ることができる。

※9
文部科学省「幼稚園教育要領」2017年

※10
「言葉に対する感覚を豊かにし、」の文言については、2017（平成29）年告示の「幼稚園教育要領」より加わった。

※11
厚生労働省「保育所保育指針」2017年

※12
内閣府・文部科学省・厚生労働省「幼保連携型認定こども園教育・保育要領」2017年

は、1930（昭和5）年に生まれたとされる「街頭紙芝居」にさかのぼる※6。街角で拍子木を合図に集まり、自転車の荷台に据え付けられた舞台に演じられた「街頭紙芝居」は、子どもたちを夢中にさせた※7。その後1935（昭和10）年に高橋五山（1888～1965）が初の教育紙芝居である「幼稚園紙芝居」シリーズを刊行し※8、幼稚園への普及を試みた。

戦後「街頭紙芝居」は復活するが、1960年前後に衰退していく。一方その頃から、現在教育現場や図書館等で活用されている「印刷紙芝居」が本格的に出版されるようになった。

(2) 紙芝居の保育内容「言葉」での位置づけ

戦中・戦後と、紙芝居は保育教材として位置づけられてきた。1964（昭和39）年の最初の幼稚園教育要領では、領域「言語」のねらいの一つとして「絵本・紙芝居などに親しみ、想像力を豊かにする」と制度的な位置づけが示された。しかし、その後の改訂では、「紙芝居」という文言は消えてしまう。ただ、現行の幼稚園教育要領※9のねらいの「日常生活に必要な言葉がわかるようになるとともに、絵本や物語などに親しみ、言葉に対する感覚を豊かにし、先生や友達と心を通わせる。」※10の「絵本や物語など」というところに、紙芝居の意義を見出したい。

一方、保育所保育指針※11および幼保連携型認定こども園教育・保育要領※12では3歳児以上では幼稚園教育要領と同様の記述だが、1歳以上3歳未満児の保育内容「言葉」の内容には、「絵本や紙芝居に親しみ、簡単な言葉を繰り返したり、模倣をしたりして遊ぶ。」と「紙芝居」が明記されている。しかし、2歳児だけに紙芝居の必要性を限定して考えるべきではないだろう。

(3) 保育における紙芝居の意義

紙芝居は、集団としての観客を想定して作られている。子どもは友達と一緒に楽しみながら、共感の喜びを自然に感じとっていく。紙芝居ははっきりとした展開がありテーマもわかりやすく設定されているので、より共感しやすい。また、園生活をともにし信頼している保育者が演じるため、子どもたちは安心して紙芝居の世界に入り込める。このように紙芝居という文化財は、子どもが集団生活を送る保育の場でより活かされるべきだといえよう。

そして、乳幼児期は生きたことばを学ぶ時期である。この時期の子どもはまだ経験が浅くことばの数も限られているため、ことばを捉えるのに大人よりも時間がかかる。紙芝居は1つの場面を想像して理解した頃に次の場面へと展開していくため、子どもの心や思考のリズムと合いやすい。演じ手が子

どもの気持ちに合わせながら画面をぬき、「間」をとることもできる。子ども は演じ手の表情やことばの調子から、その意味を感じ取る。そして、模倣し繰り返すことで、ことばは子どもの心に心地よく響き、身についていくのである。

(4) 保育における紙芝居の可能性

紙芝居のもつ力を、保育者は日常の保育に存分に生かしていきたい。その際、場当たり的な用い方ではなく、それぞれの紙芝居の内容をしっかりと捉え、子どもたちに何を伝えたいのかを考えて演じてほしい。年間を通して、指導計画のなかでねらいに沿った作品を取り上げていくこともできる。

また、観客同士のかかわり、演じ手とのかかわりなど、人とのかかわりを生み出す紙芝居は、地域の人との交流などでも力を発揮する。また、地域で紙芝居に取り組むグループなどがあれば、連携することもできるだろう。

2 —— 紙芝居を作ってみよう

市販の紙芝居を演じるだけでなく、園生活でのできごとや、子どもとのかかわりの中で生まれた想像世界のもので保育者が紙芝居を作り、子どもの前で演じることもよいだろう。自作のものは、気持ちをこめて演じやすい[13]。

※13
紙芝居や紙芝居舞台の作り方の参考図書として、阪本一房・堀田穣『紙芝居をつくろう！』(青弓社 1995年)、右手和子他『紙芝居をつくる』(大月書店 1990年)、ときわひろみ『手づくり紙芝居講座』(日本図書館協会 2009年) などがある。

(1) 目的と主題（テーマ）を決める

まず、どのような目的で、何のために書くかをはっきりさせる。それによって主題（テーマ）を考える。多くを盛り込もうとせず、一つに絞るようにしよう。そこから、具体的な筋を構成していく。

(2) 脚本を考える

具体的に、場面をコマ絵に描いてみる。場面構成には次のようなものが考えられる。

```
表紙 ⇒ 発端 ⇒ 事件の発生 ⇒ 継続 ⇒ 上昇 ⇒ 頂点 ⇒ 下降 ⇒ 結末
     (はじまり)  (できごとの具体化)      (クライマックス)    (おわり)
```

場面割は、例えば12枚の紙芝居であれば[14]、1〜2枚目：はじまり（主人公、時、場所の提示）、3〜11枚目：できごと（いくつかの事件とクライマックス）、12枚目：おわり、とするとよいだろう。

構成や展開に納得がいったら、登場人物の会話を中心にことばを考えてい

※14
市販の紙芝居は、おおよそ8枚、12枚、16枚で構成されている。手作り紙芝居には制限はない。

く。擬音についても、効果的にいれてみよう。せりふを多く用いたほうが、生き生きとしたものになる。

　脚本が仕上がったら、小さいダミーの紙芝居を試作すると、＜ぬき＞の効果の検討や、全体の絵のバランスの確認ができる。

(3) 本書きする

　紙芝居は集団を対象とするため、遠目がきく[※15]ように描く。そのためには、注目してほしいものだけを太めの輪郭線で描いたり、色の明度の差で際立たせたりするなどの方法がある。また、主人公を中心に展開するため、主人公が常に明確にわかるようにする。そのためには、背景もできるだけシンプルにすることが必要になる。さらに、限られた枚数で展開されるため、色彩の変化や構図の変化[※16]によって、紙芝居全体のなかでのめりはりをつけたい。

　紙芝居は、観客から向かって右から左にぬいていく。そのため、描かれる絵は左への動きをもっていなければならない。また、画面の端は舞台の枠で隠れてしまうため、1.5cmほど開けるなど注意が必要である[※17]。

　表の絵と裏の脚本は同じ紙に書くのではなく、2枚目の脚本は1枚目の絵の裏、3枚目の脚本は2枚目の絵の裏というように、1枚ずつずれるように書く。また、縦書きで書くと、画面を途中までぬくこともできる。

(4) 手作り紙芝居の広がり

　ここでは物語完結型の紙芝居の作り方を取り上げたが、子どもと演じ手、また子ども同士がコミュニケーションをとることを目的に、参加型の紙芝居を作ってみるのもよいだろう。わらべうたを起承転結に分けて4場面で作ったり、自己紹介の紙芝居を作ったりすることもできる。絵も、色紙をちぎって貼ったり、紙をくりぬいてみたりと自由な発想で取り組んでみよう[※18]。

(5) 子どもと紙芝居を作る

　絵本や紙芝居などの創造の物語だけでなく、一人ひとりの子どものなかにも物語がある。子どもが体験したことをまとめるとき、紙芝居にするという方法も考えられる。自分の体験を、物語としてもう一度体験しなおすという機会にもなる。子どもに物語を手渡していくだけでなく、子どもの中に立ち上がってくる物語を受け止める力も保育者にとって大切だといえよう。作った紙芝居はぜひ、子ども自身が演じる機会をもちたい。

※15 遠目がきく
　離れたところからでもはっきりと見やすいこと。

※16
　ロング（遠景）、バスト（中景）、アップ（近景）、俯瞰、人物の前向き・横向きなど。

※17
　市販の紙芝居で最もよく使われる紙のサイズは27cm×38cm。舞台に入れて演じる場合はこのサイズがよい。

※18
　紙芝居文化推進協議会他主催「手づくり紙芝居コンクール」、箕面市教育委員会他主催「箕面手づくりかみしばいコンクール」、名古屋柳城短期大学主催「手作りキッズ紙芝居コンクール」など、子どもを対象にした手作り紙芝居の発表・交流の場もある。

● 「第12章」学びの確認
①紙芝居は、保育の場において子どもにとってどのような意味があるのか考えてみよう。
②紙芝居を演じるときに留意する点を具体的にあげてみよう。
③紙芝居を、舞台を使って実際に演じてみよう。気づいた点をお互いに伝え合おう。
●発展的な学びへ
①保育・教育実習などで紙芝居を取り上げることを想定して、その時期や子どもの年齢に合わせた紙芝居を選び、リストを作ってみよう。
②①の作品について、保育・教育実習などでの実演の場を想定し、導入や展開例を考えてみよう。

引用・参考文献

1）右手和子「心に届く、紙芝居の演じ方（3つの基本＝声・間・ぬき方）」子どもの文化研究所編『紙芝居―演じ方のコツと基礎理論のテキスト』一声社　2015年　p.24
2）上地ちづ子『紙芝居の歴史』久山社　1997年
3）子どもの文化研究所編『おすすめ紙芝居400冊－こんな時はこの紙芝居を』一声社　2015年
4）子どもの文化研究所編『紙芝居―演じ方のコツと基礎理論のテキスト』一声社　2015年
5）長野ヒデ子編『演じてみよう　つくってみよう紙芝居』石風社　2013年
6）まついのりこ『紙芝居の演じ方　Q＆A』童心社　2006年

濱田廣介監修　高橋五山脚本　蛭田三郎画『ピーター兎』

●○● コラム ●○●

紙芝居の歴史

　紙芝居の源流は「写し絵」で、これは木製の「風呂」(幻灯機の一種)を用いて画像を映し出す芸能であった。すでに1800年代の初めには、見世物小屋や寄席などで興行されていたという記録があるが、明治の中頃に映画が出現すると急速に廃れていく。すると風呂に替えて紙製の人形を操る「立絵」が考案された。この芸能は大がかりな設備や人手を要しないため、次第に個人営業の街頭芸として普及した。初めは「紙人形の芝居だ」と悪口をいわれたものの、これが「紙芝居」の語源である。昭和の初期には、絵を描いた紙を一枚ずつめくっていく「平絵」が考案された。駄菓子を卸したり、紙芝居を貸し出したりする配給業者のネットワークも確立し、1925(昭和5)年頃には失業者が始められる手軽な仕事として大いに流行する。この系統の紙芝居を「街頭紙芝居」という。自転車に商売道具一式を積んで移動する工夫によって営業圏も拡がった。しかし、内容の低俗さに加えて売り上げの落ちた駄菓子屋の訴えもあって、当初は警察の取り締まりの対象であった。

　これに対して、保育や教育で用いる紙芝居を「教育紙芝居」または「保育紙芝居」という。「街頭紙芝居」が手描きの紙芝居を多数の業者間で使い回すのに対し、印刷された市販の紙芝居を用いるため「印刷紙芝居」ともいう。

　キリスト者で教育者・社会事業家の今井よね(1897～1968)は、1932(昭7)年頃からキリスト教の布教に紙芝居を利用した。やや遅れて、東京帝国大学在学中にセツルメント活動に従事した松永健哉(1907～1996)らは、1934(昭和9)年の「人生案内」など、子ども会用の紙芝居を制作実演した。また、東京美術学校で本格的に絵画を学んだ高橋五山(本名・昇太郎　1888～1965)は、自ら出版社を興して1935(昭10)年から「幼稚園紙芝居」シリーズを刊行し始める(高橋五山脚本の紙芝居『ピーター兎』の表紙画はp.169参照)。当時の幼稚園では警察の取り締まり対象であった紙芝居に抵抗が強かったが、仏教保育の指導者である内山憲尚(1899～1979)らの支援を得て経営的に安定した。

　戦時中も戦争遂行のために占領地や国内で紙芝居が盛んに利用された。ところが、1960年代に入るとテレビの普及と自動車の増加によって街頭紙芝居は姿を消す。教育紙芝居も文部省が「第一次教材整備十ヶ年計画」(1967)から除外したため小学校から姿を消したが、この頃数の増え始めた公共図書館に紙芝居が導入されて今日に至っている。

第13章 ことばで遊ぶ

◆キーポイント◆

絵本『もこ もこもこ』※1を読み聞かせすると、子どもたちが自然に声を出してことばを唱えたり、身体を動かしたりすることがある。オノマトペ（擬音・擬態語）だけで構成されたこの絵本には、子どもたちの身体を解放する力があると考えられる。また、日常生活のなかでも、だじゃれを言ったり、友達の名前をさかさまに言ったりすることを楽しむ子どもたちの姿を見ることがある。子どものこのような経験が言語感覚を磨き、ことばの世界を豊かに広げていく。

本章では、乳幼児期の子どもたちがことばのもつ響きやリズムを楽しむことのできる、さまざまな「ことば遊び」の具体例を紹介する。これらを学んだ後、自由な発想を大切に、さらに楽しいことば遊びに発展させてほしい。

※1 『もこ もこもこ』
谷川俊太郎作　元永定正絵　文研出版 1977年

第1節 ● ことば遊びとは

1 ── 豊かなことばの世界

(1) ことば遊びとは

私達は、普段何気なくことばを使っている。ことばは自分の意志の伝達や思考の道具である。しかし、ことばには違った側面がある。音の響きや単語の意味だけに注目し、ことば自体を楽しく遊ぶことができるのである。

「ことば遊び」とは、『広辞苑』（第6版）によると「言葉の発音・リズム・意味などを利用した遊び。なぞなぞ・しりとり・しゃれ・語呂合わせ・アナグラム・早口言葉など。」と定義されている。

特に日本語は、他の言語に比べてことば遊びに向いているといわれている。一例を挙げると、日本語では「にわ」を「ワニ」と後ろから読むことは簡単だが、英語では「garden」を後ろから正確に読むことはできない。それは、日本語がひとつひとつの音に分かれているためである。そのため、幼い子どももことば遊びがしやすい。

また、ことばをリズムに乗せ、スキンシップを取りながら遊ぶわらべうたも子育てのなかで昔から取り入れられてきた。しりとりやなぞなぞなどは、

幼児にもルールがわかりやすく、少しの時間でも楽しめる。道具などの準備も必要なく、どこでもできるという手軽さもあり、誰もが経験する「ことば遊び」である。

(2) 赤ちゃんから「ことば遊び」

　赤ちゃんは胎児のときから、母親の言葉のリズムやイントネーションを聞き取り、生まれてからの言葉の獲得の準備をしているといわれている。そして、生まれた直後から、周囲の大人の多くの言葉を聞き取っている。意味のある言葉ではないクーイングや喃語しか話すことができない時期にも、周囲の大人は、赤ちゃんの笑顔が見たくて、さまざまな言葉で話しかけている。そのとき、大人は自然と声を高くしたり、大げさな抑揚をつけたり、テンポをゆっくりしたり、同じ言葉を繰り返したりして話しかける[※2]。また、「おしっこシーシーでたね。」「ねんね、しようね。ねんねんねん。」等の幼児語を用いて語りかける場面もある。ことばの音、そしてリズムやイントネーションを楽しみながら、赤ちゃんとコミュニケーションを取ること。これらの語りかけは、まさに「ことば遊び」の始まりではないだろうか。そして、このような語りかけの繰り返しによって、赤ちゃんは言葉を獲得し、周囲の大人との関係も作り上げていくのである。

※2　このような話し方はマザリーズ（育児語）といわれている。

(3) 豊かな言語感覚を育む「ことば遊び」

　ことばは自分の意思や気持ちを伝え合うコミュニケーションツールとして非常に優れている。ことばを覚え始めた幼い子どもでも、自分の気持ちをわかってほしいときには、拙いながらも一生懸命ことばを使う姿がある。子どもが日常の生活を過ごしていくなかで、生活に必要なことばを身につけていくのは、必然である。しかし、ことばの役割はそれだけではない。子どもはことばによって、物を分類したり、目に見えない物をイメージしたりすることもできるようになる。見たことがないものや経験したことのないこともことばを知ることによって想像することが可能になる。
　「ことば遊び」を保育のなかで取り入れ、「ことばっておもしろい」「ことばを使うことが楽しい」と思う経験をたくさん重ねていくと自然に言葉が豊かになっていく。そして、イメージできる世界もどんどん広がっていくのではないだろうか。
　また、「ことば遊び」の魅力は、声に出すことにある。声に出して、ことばの音やリズムを体感すること自体を楽しむことができる。「声に出す＝話す」経験が増えると、語彙は爆発的に増えていく。一人ではなかなか話せな

い子どもでも、保育者やみんなと声を合わせることによって、声に出す楽しさを感じてほしい。そして、共に声を出す経験が他者との関係を深めることにもつながっていく。

2 ── 3法令における「ことば遊び」

保育所保育指針、幼稚園教育要領、幼保連携型認定こども園教育・保育要領（以下、指針、要領、教育・保育要領と略す）には、「ことば遊び」についての記述が見られる。

> 2　ねらい
> (3)日常生活に必要な言葉がわかるようになるとともに、絵本や物語などに親しみ、言葉に対する感覚を豊かにし、先生や友達と心を通わせる。

> 3　内容の取り扱い
> (4)幼児※3が日常生活のなかで、言葉の響きやリズム、新しい言葉や表現などに触れ、これらを使う楽しさを味わえるようにすること。その際、絵本や物語に親しんだり、言葉遊びなどをしたりすることを通して、言葉が豊かになるようにすること。

※3
指針では「子ども」、要領では「幼児」、教育・保育要領では「園児」と示されている。

この2つは連動しているものと考えられる。ことばに対する興味を促し、ことばの感覚を豊かにしていく。そのためには、ことばそのものを遊ぶ「ことば遊び」を楽しむ経験を増やす必要があることを示唆している。

また、ことばを豊かにすることは、小学校以降の学習の基礎にもなっていくものである。

第2節 ● ことばで遊ぶ

1 ── さまざまなことば遊び

次に、さまざまな「ことば遊び」を紹介する。発達段階の目安はあるが、同じ遊びでもアレンジを加えることによって、他の年齢でも遊べることが多いため、柔軟に取り扱うことが必要である。また、ことば遊びのしくみをわかりやすく伝えたり、興味・関心を引き出すために、関連した絵本を使う方法も考えられるため、いくつかの参考図書※4を挙げておく。

※4　参考図書
各項目でも挙げているが、以下のものもことば遊びの参考にしよう。
村石昭三『はじめてみよう！幼児のことば遊び　指導の手引き』（すずき出版　2004年）
藤田浩子編著『おはなしおばさんの詩でダンス・ダンス』（一声社　2001年）
平山許江『幼児の「ことば」の力を育てる』（世界文化社　2015年）

(1) **保育者と一対一でコミュニケーションを楽しむ「ことば遊び」**

　ことばの意味を理解する以前から、ことばを伴うふれあい遊びやかかわり遊びを多く取り入れたい。これらの遊びは、保育者との愛着関係を結ぶことにもつながる。ことばのリズムやタイミングを楽しむ身振りや歌を伴う遊びには乳児のときから楽しめるものがたくさんある。

①おもしろい音を楽しもう（0歳〜）

【てけてけぷくぷく】
①保育者は子どもと同じ方向を向くように、子どもをひざに乗せる。指をチョキにして「てけてけ」と言いながら、子どもの体を歩くように動かし、体のいろいろな部分をめぐる。

②「〇〇ちゃんのところに「てけてけ」がやってきたよ。てけてけ、てけてけ」と始める。
③「ほっぺについた。〇〇ちゃんのほっぺは、ぷくぷく、ぷくぷく」と言いながら、2本の指を頬の上で動かす。
④「ここは、おめめ。〇〇ちゃんのおめめは、くりくり、くりくり」と人差し指で目の横に小さな円をかく。
⑤「お耳はぴょーん、ぴょーん」と耳を軽く引っ張る。
⑥「お口は、もぐもぐ、もぐもぐ」と唇の上下に指を当て、動かす。

⑦「お鼻は、高いお山みたいね。つんつん、つんつん。」と鼻の頭をちょんとさわる。
⑧「次はおてて。ぽんぽん、ぽんぽん。」子どもの手を持ち、拍手させる。

⑨「足はどんな音かな。とんとん、とんとん」子どもの足を持ち、かかとを上下させる。
⑩「わあ、楽しかった。空気がぬけるよ。ぷしゅ〜。」と言って、体の力を抜いて、子どもの背中にもたれる。

★擬音語はおもしろくメリハリをつけた言い方で、子どもが楽しめるようにする。
★子どももまねをして言えるようになれば、一緒に声に出すように促す。

出典：グループこんぺいと編著　横山洋子執筆『いますぐできる0〜5歳の言葉あそびBEST40』黎明書房　2007年　pp.28-29より一部引用改変

②だじゃれをふれあい遊びに（0歳〜）

【しりしりしりしり】
①子どもを仰向けに寝かせ、「いちり（1里）」と言いながら、両足の親指をつかむ。
②「にり（2里）」と言いながら、両足の足首をつかむ。
③「さんり（3里）」と言いながら、両足の膝をつかむ。
④最後に「しりしりしりしり（4里）」と言いながら、お尻の両側をくすぐる。

★2歳児でも3歳児でも喜ぶ遊び。最後の「しり」のタイミングをうまくずらして、期待を膨らませると楽しい。

出典：村石昭三・関口準監修　寺田清美著『はじめてみよう！幼児のことば遊び　0.1.2歳児編』すずき出版　2004年　p.30より一部引用改変

(2) 歌やリズムに合わせて身体表現をしたり、声に出して唱えたりしながら、言葉の心地よい響きを感じ取ることができる「ことば遊び」

　集団での「ことば遊び」の入り口として、歌やリズムに合わせて挨拶や返事をする遊びや繰り返しのことばをみんなで唱える遊びがある。これらはルールを気にせず楽しむことができる。

①挨拶のことば（3歳〜）

【あくしゅでこんにちは　お名前は？】
①子どもたちは円陣を作り、椅子に腰かける。
②♪てくてくてくてく　あるいてきて♪と歌いながら保育者は中央に立ち、歌に合わせて輪のなかを歩く。
③♪あくしゅでこんにちは　ごきげんいかが♪輪のなかの一人の子どもと握手し、挨拶する。
④「お名前は？」「〇〇です」「きょうも元気で遊ぼうね」など、握手をしながら名前を聞き、子どもに合ったことばがけをする。そして、次々と子どもたちとスキンシップをはかりながら遊ぶ。

あくしゅでこんにちは
まどみちお：作詞／渡辺茂：作曲

★保育者の代わりに指名された子どもが円のなかを歩く形や、全員がバラバラになって歌の途中で2人組を作り、挨拶をする形でもできる。

日本音楽著作権協会(出)許諾第1714979－701号

出典：村石昭三・関口準監修　斎藤二三子著『はじめてみよう！幼児のことば遊び　3歳児編』すずき出版　2004年　p.8より一部引用改変

※5 参考図書
はせみつこ編 飯野和好絵『しゃべる詩 あそぶ詩 きこえる詩』(冨山房 1995年)
はせみつこ編 飯野和好絵『おどる詩 あそぶ詩 きこえる詩』(冨山房 2015年)

②詩で遊ぼう※5（4歳〜）

あⅠ　谷川俊太郎

ちっちゃな あ
おおきい あ
あたしの ア！
あなたの ア！

かなしい あ
たのしい あ
あたしの ア！
あなたの ア！

びっくり あ
とぼけて あ
あたしも ア！
あなたも ア！

ひとりで ア！
いっしょに ア！
あなたと あ
かわりばんこに
ア ア ア あ
……

あⅡ　谷川俊太郎

ひくーい あ
たかーい ああ
おそらの あ
じめんの ああ
おこって あ
わらって あ
あたまの あ
あたしの あ
あなたの あ
かわりばんこに
あー あー
あー あー
はしっていくよ
パトカーが
あー あー あー

出典：「あⅠ」「あⅡ」　谷川俊太郎『あたしのあ　あなたのア』太郎次郎社　1986年

①保育者が詩を読む。（できれば暗唱する。）
②2種類のぬいぐるみや絵人形を持ち、演じながら進める。片方が「先生が読んだ詩を一緒に読もう。"あ"って言うだけでいいよ」と誘い、"あ"とそれ以外に分けて唱える。
③最初は「ちっちゃな」の「あ」を大声で言ったり、「おおきな」の「あ」を小声で言ったりして、たしなめられる場面を子どもたちに見せる。
④「かなしい」「あ」はかなしそうに、「たのしい」「あ」はたのしそうには気持ちを込めて言う。
⑤「みんなも一緒にやろう」と子どもたちを誘う。
⑥"あ"以外の部分を人形が言って子どもたちを導き、子どもたちが楽しく「あ」を唱えられるようにする。

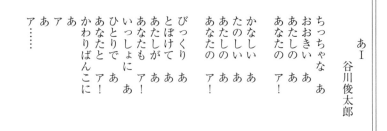

★人形が失敗する場面を子どもたちはとても喜ぶ。楽しい雰囲気を作り出し、失敗しても大丈夫という気持ちで、声を出すことができる。人形は口を開閉できるものがよいが、できない人形でもよい。

出典：藤田浩子編著『おはなしおばさんのくるりん・ふしぎことば』一声社　2001年　pp.41-43を一部改変

第13章 ことばで遊ぶ

(3) ことばの音・意味・リズム・響きを楽しみ、語彙を豊かにする「ことば遊び」

ことばの音や意味などに注目し、条件に合ったことばを見つける遊びである。楽しんでことばを集めていると自然に語彙が豊かになっていく。

① 擬音語・擬態語（3歳～）

【どんな音？どんな感じ？】※6
① 自然の音や生き物の鳴き声、乗り物の音などが聞こえたときに行う。
② 「みんなの耳には、何て聞こえますか？」と尋ね、自由に表現した音を聞き合う。それぞれが表現した音を認め合うようにする。
③ その音を身体で表現することを楽しんでもよい。

★ 感じたままをことばにできるよう、自由な雰囲気を大切にする。
★ 同じ表現になってもよいので、その子の感覚にぴったりあったことばを決める心地よさを経験させたい。

出典：グループこんぺいと編著　横山洋子執筆『いますぐできる0～5歳の言葉あそびBEST40』黎明書房　2007年　pp.42-43より一部引用改変

※6　参考図書
谷川俊太郎作　堀内誠一絵『ぴよぴよ』（くもん出版　2009年）・中川ひろたか文　村上康成絵『とんとんどんどん』（PHP研究所　2003年）
西村敏雄作『もしもしさんのことば劇場　オノマトペの巻』（偕成社　2010年）

② 頭音集め（3歳～）

【あ、あ、あのつく○○○】※7
① 一人の子どもの名前を借りる。
　（例：「だれか名前を貸してくれるかな？」）
② カスタネットでリズムを取りながら、「あ・あ・あのつくあ・つ・し」と唱える。

③ あのつくことばで、手拍子やカスタネットでリズムをとりながら、順番に「あ」のつくことばでつなげていく。
　（例：「あ・あ・あのつくあひる」）
④ 7，8人程度回ったら、他の音で始まる子どもの名前を借り、続ける。

★ 日本語には「か」のつく名詞が多いので、最初は「か」から始めるとよい。
★ 子どもは思いつくままに「かたい」「かんがえる」など名詞以外のことばを言うこともあるが、ことばに興味をもつことが大切なので、動詞や形容詞などに広がることも認めていく。

出典：村石昭三・関口準監修　村木由紀子著『はじめてみよう！幼児のことば遊び　4歳児編』すずき出版　2004年　p.8より一部引用改変

※7　参考図書
みねよう原案　さいとうしのぶ作『あっちゃんあがつくたべものあいうえお』（リーブル　2001年）

③反対の意味のことば（3歳〜）

※8　参考図書
元永定正作『おおきい ちいさい』（福音館書店　2011年）

【冷たい、暖かいなあに？】※8
① マフラー、セーター、布団などの暖かいものと氷、アイスクリームなどの冷たいものの絵カードを用意する。
② 氷が張ったり、雪が降ったりした寒い日に外遊びをした後、「みんなの手は、今どんなかな？」と尋ねる。
　（子どもの反応例：「冷たい」「痛い」）
③ 黒板に貼ったカードのなかから、冷たいものを探し、集める。
④「残ったものはどんなものかな？」と尋ねる。
　（子どもの反応例：「つめたくない」「あたたかい」）
⑤ これをきっかけに、「大きいの反対は？」「長いの反対は？」などの反対言葉を尋ねる。

出典：村石昭三・関口準監修　斎藤二三子著『はじめてみよう！幼児のことば遊び　3歳児編』すずき出版　2004年　p.88より一部引用改変

④動作を表すことば（3歳〜）

【何しているところ？】
① 円陣を作って座る。はてなボックスから保育者が絵カードを1枚とり、保育者がその絵が表している動きをジェスチャーで表し、子どもたちはどんな動きを表す言葉かを当てる。

② 遊びのルールがわかったら、子どものなかからジェスチャーをする役を決める。正しく伝わったら、ジェスチャー役の子どもがカードをもらう。

出典：村石昭三・関口準監修　斎藤二三子著『はじめてみよう！幼児のことば遊び　3歳児編』すずき出版　2004年　p.90より一部引用改変

⑤さかさ言葉（回文）※9（5歳〜）

※9　参考図書
西村敏雄作『さかさことばでうんどうかい』（福音館書店　2009年）
石津ちひろ文　高畠純絵『ぞうまうぞ・さるのるさ』（ポプラ社　2014年）

①「とまと」をさかさまにして言ってみましょうと尋ねる。（文字で示してもよい。）
②「こねこ」「きつつき」「しんぶんし」と少しずつ音を増やしていく。
③ 上から読んでも下から読んでも同じ言葉になるのは他にはないかなと問いかける。

★逆さに読んでも同じ文（回文）に発展させてもよい。

※10 参考図書
はやかわじゅんこ作『はやくちこぶた』（瑞雲舎　2007年）

⑥早口言葉※10（5歳〜）

【赤パジャマ、黄パジャマ、茶パジャマ】
①パネルシアターで「赤パジャマ、青パジャマ、白パジャマ」を着た子どもを登場させる。

②一つずつゆっくり言った後、通して言ってみる。「パ」の破裂音は、上下の唇を一度閉じ、勢いよく開けることによってはっきり発音できることを確認する。
③「青パジャマを汚してしまったので、黄パジャマに着替えます」と言いながら、パジャマを変える。「赤パジャマ、黄パジャマ、白パジャマ」と言ってみる。「きパジャマ」が言いにくい場合、「き」をのばして「きぃパジャマ」と言うと言いやすくなることを伝える。
④次は「白パジャマを汚してしまい、茶パジャマに着替えたので、どうなるかな？」と問いかけ、「赤パジャマ、黄パジャマ、茶パジャマ」と言う。子どもたちと一緒にくりかえし言ってみる。

★早口言葉のなかでも「東京特許許可局」「隣の客はよく柿食う客だ」などの発音しにくい言葉の連続は、幼い子どもには難しいので、覚えやすい繰り返しのある早口言葉を選ぶようにするとよい。

出典：藤田浩子編著『おはなしおばさんのくるりん・ふしぎことば』一声社　2001年　pp.72-75より一部引用改変

⑦仲間のことば集め（4歳〜）

【古今東西】
①古今東西とは「昔から今まで、そして世界中」という意味であることと仲間集めの遊びであることを伝える。
②「古今東西、くだものの名前。どうぞ」と言って、子どもを指名する。答えがあっていたら「は〜い」と言ってハイタッチ。次の子どもに「どうぞ」と問いかける。あとになると答えるのが難しくなるので、はじめは5、6人で種類を変えていくとよい。
③次々に言えるようになってきたら、2拍子のリズムで、手拍子のあとにことばを言う形にかえて行う。（「パン、パン（2回拍手）、りんご」）
例：食べ物、虫、空を飛ぶものなど。

★「古今東西」とは、難しい言葉だが、だからこそ子どもたちが興味をもつきっかけとなる。

出典：グループこんぺいと編著　中島千恵子執筆『あそんで学ぶ　文学・言葉』黎明書房　2009年　pp.52-53より一部引用改変

(4) 文字への興味・関心を育てる「ことば遊び」

　指針、要領、教育・保育要領では、幼児期の終わりまでに育ってほしい姿が示されている。その一つに「(8)数量や図形、標識や文字などへの関心・感覚」がある。文字の習得を学力とつながると考え、子どもに早くから文字を教えようとする保護者もいるが、ここでいう文字への興味・関心とは、文字を覚えることではなく文字の役割に気づき、その必要性を感じることである。聞く・話す経験を多く積み重ねるなかで、「多くの人に伝えたい」「記録に残したい」「みんなで共有したい」等の思いを耕し、「文字を使いたい」という意欲につなげたい。

①文字に興味を（4歳〜）

【かるたで遊ぼう】
①事前に子どもたちに知らせたいことばの絵カードを黒板に貼っておき、興味がもてるようにする。
②興味をもった数人の子どもたちと、机の上に絵カードを並べ、かるた取りのルールを伝える。
③絵カードの名前とその特徴（色や形）を読み札にして、カルタで遊ぶ。
　（例：「アイスクリーム」　「あまくて」　「つめたいな」）

★文字への興味を持ち始めたら、絵だけのカードではなく、一文字書かれている絵札を使うようにすると絵だけでなく文字を見てとることもできるようになる。

②文字を使って（5歳〜）

【お店ごっこ】
①お店ごっこやレストランごっこで遊んでいると、子どもたちはお店の看板や品物、メニューなどをお客さんに知らせたいという気持ちになってくる。
②これは、文字を覚える絶好のチャンスである。鉛筆・色鉛筆・マジックペン・画用紙・厚紙・折り紙などをいつでも使えるように環境を整えておく。壁に五十音表を貼ったり、持ち運べるようにラミネートした五十音表を準備したりするとよい。
③文字を書きたいという子どもの気持ちをしっかり受け止め、丁寧に文字を教える。機会をとらえて、濁音や半濁音、促音、拗音、撥音などのきまりも伝えるのもよい。

★文字によってわかりやすくなったという喜びに共感し、文字を使う便利さや必要性に気づけるように支援することが必要である。

出典：グループこんぺいと編著　中島千恵子執筆『あそんで学ぶ文字・言葉』黎明書房　2009年　p.60-61
　　　より一部引用改変

2 ── 子どもたちのことばに耳をすませよう

　さまざまなことば遊びを紹介してきたが、このような遊びに入るきっかけは、あくまでも子どもたちの日常生活のなかにあると考えてほしい。子どもたちがことばのリズムにのって遊ぶ姿や、誰かが言ったことばに面白さを感じてそれを楽しむ姿を見つけたら、一緒にそのことばを楽しむことから子どもたちとのことば遊びが始まる。2つの事例を紹介する。

事例1

　子どもたちが積み木遊びをしているときに、積み上げていた積み木が傾き、音を立てて崩れてしまった。ちょうどそのころ、絵本『ちからたろう』[9]を何度か読み聞かせていた。そこで、ある子どもが「どんがらりんと　音たてて　こわれてしまった」とその中の文章をつぶやいた。それに続き、積み木を崩しては「どんがらりんと　音たてて　こわれてしまった」という遊びが始まる。しばらく見守っていた保育者が、小さな積み木を崩し「ころころりんと　音をたてて　こわれてしまった」と続けると、今度はさまざまな擬音語が子どもから生まれてきた。リズムのあることばは、それ自体が遊びの道具となるようだ。

事例2

　子どもたちが砂遊びをしているときに、それぞれの作った砂山の大きさ比べが始まった。様子を見ていると「大きい」の反対は「小さい」だと理解していることが分かる。そこで、大きさ比べを反対言葉集めに発展させた。「大きい」「小さい」だけでなく「長い」「短い」や「高い」「低い」、「太い」「細い」等の比べ方もあることに気づくよう保育者が促した。また、同じものの大きさだけでなく、「ゾウは大きい」「アリは小さい」のように大きいもの集め（小さいもの集め）への発展も考えられる。

　このように日常の子どもたちの会話にことば遊びのヒントが隠れている。一緒に遊びながら、子どもたちの言語獲得を促してほしい。
　まだまだ限られた語彙の使い手である幼児には、間違ったことばを使ったり、ことばが見つからないで言いよどんでしまったりすることもある。そんなときに、ただそれを訂正するだけで終わってしまうのではなく、そのことばの周辺も一緒に耕し、子どもの心に寄り添ってことばを考えることが大切である。
　まずは保育者が子どもたちのことばに耳をすませ、理解することから始めるようにしたい。

● 「第13章」学びの確認
①ことば遊びは、子どもたちにとってどのような意味があるのかまとめよう。
②指針、要領、教育・保育要領にことば遊びが取り入れられた背景を考えよう。
③いろいろなことば遊びを実践してみよう。
●発展的な学びへ
①この章で紹介したことば遊びを発展させてみよう。
②新しいことば遊びを創作しよう。

参考文献

1）今井むつみ『ことばの発達の謎を解く』筑摩書房　2013年
2）今井むつみ『ことばと思考』岩波書店　2010年
3）後路好章『絵本から擬音語／擬態語ぷちぷちぽーん』アリス館　2005年
4）内山伊知郎監修　児玉珠美・上野萌子編著『０・１・２歳児の子育てと保育に活かす　マザリーズの理論と実践』北大路書房　2005年
5）正高信男『０歳児がことばを獲得するとき　行動学からのアプローチ』中央公論社　1993年
6）正高信男『子どもはことばをからだで覚える　メロディから意味の世界へ』中央公論社　2001年
7）田守育啓『オノマトペ　擬音・擬態語を楽しむ』岩波書店　2002年
8）無藤隆・汐見稔幸・砂上史子『ここがポイント！３法令ガイドブック』フレーベル館　2017年
9）今江祥智作　田島征三絵『ちからたろう』ポプラ社　1967年

第14章 ことばとは、日本語とはどのようなものか

◆キーポイント◆

「ことば」は、いつも身近にあって、あたりまえだと思っている。だから、どうしてことばで伝達が可能なのか、そして一方では通じないことがあるのか、というようなことは、普段は考えない。また、日本では周りの人がほとんど日本語話者なので、日本語がどういう言語なのか、ということにも無自覚になりがちである。

本章では、私たち人間が使い、子どもたちが身につけていく「ことば」とはどういうものなのか、また、日本語とはどんな言語なのかということを、学んでいく。そのなかで、ことば、日本語のさまざまな性質や特質だけでなく、ことばの障害や、子どもが言語獲得していく上での問題点や、保育者がそれにどう配慮し、対応するかという点を学んでいく。

第1節 ● 「ことば」とは、どのようなものなのだろうか

1 ── 「ことば」は変わる

「アベック」といったら「先生、古い」と笑われてしまった。「カップル」だといいらしい。名古屋では、机をもちあげて運ぶことを「机をつる」という。小中学校の先生も使い、共通語だと思っている人も多い。しかし、大阪や東京で「机をつって」と言っても通じない。このように、同じ日本語のはずなのに、時代により地域によりことばが違うことがある。これを「言語の変異（バリエーション）」という。変異は、話す人の違いを生み出す要因により、時間的変異、空間的変異、社会的変異の3つに分けられる。

時間的変異とは、時代が違えばことばも違う（時代差）、ということだ。そして、同じ時代に生きていても、その人が生まれた時代によってことばが違うことがある。世代差である。若い人は「テクシー（てくてく歩いていくこと、タクシーのしゃれ）」「ごふじょう（御不浄、トイレを遠まわしに上品にいう）」がわからない。逆に、若い人の「きもい（気持ち悪い）」「なにげに（何気なく）」が、上の世代にはわからなかったり、気持ち悪かったりする。このような世代差も時間的変異である。

空間的変異とは、住む地域の違いによるものである。地域差、いわゆる方言のことである。「ばか」のことを大阪では「あほ」と言い、マクドナルドを「マック」と言う地域もあれば、「マクド」と言う地域もある。東京では東京方言を話している。いわゆる共通語・標準語というものは、その東京方言をもとに、日本全国に通用することばとして考えられたものである。

　それぞれの方言は、日常生活で使われ、話し手の気持ちをうまく伝えてくれる。幼児が身につける母語は、まさにこの方言である。「教育は共通語でしなければならない」と思いこんでいる人があるが、それは違う。共通語も使えたほうがよいし、共通語も使って教育すべきだけれども、方言も大切である。子どもが自分の気持ちをあらわすのに、まずは方言を使うのがあたりまえだし、保育者も方言をうまく使えば、子どもと気持ちが通じ合う。そこの方言を知らないなら、少しは覚えよう。

　社会的変異は、属する集団の違いによる変異、集団差のことである。職業による専門用語や、同じ趣味の人だけで通じるようなものがある。「ガリ（すし屋などの『しょうが』）」「ハットトリック（サッカー用語で１試合に１人で３点入れること）」など。

　ことばは変わるものである。このような時代差・世代差、地域差、集団差は、いろいろな形で重なり合って、全体として、日本語というものをつくっている。ちゃんとした日本語話者だと思っていても、私たちが使えるのは、そのほんの一部だけである。

2 ──「ことば」はなぜ通じ、そして通じないか

　言語とは何か、ということを深く考えたソシュールという言語学者がいる。ソシュールは言語がどのように伝えられるかという仕組みを考え、「記号」という考え方を示した。

　ここに２人の人がいるとしよう。１人が、「あのワンワンほえる生き物」のことを相手に伝えるには、その人が日本語話者なら、／inu／[※1]（イヌ）という音であらわす。その人がそれを音声として出す。相手の人は聞こえてきた音声が、／inu／（イヌ）という音であると、ああ「あのワンワンほえる生き物」だな、とわかる。言語の伝達はこのようにしてなされる、とソシュールは考えた。

　さて、このとき、機械で調べられるような物理的なものは、音声しかない。この音声をどう調べても、それが「あのワンワンほえる生き物」と結びつくのかはわからない。また、日本語がわからない人が相手だったら、いくら同

※1　／inu／
　音韻（その言語で区別しなければならない音のイメージ）表記という意味で「／　／」に入れて示す。音声記号（IPA）は「［　］」に入れる習慣である。

じ音声を聞かせても意味が通じない。ということは、2人の頭のなかにある、／inu／（イヌ）と「あのワンワンほえる生き物」との結びつきこそが重要だ、ということだ。同じ結びつきをもっている人同士だから通じたのだ。ソシュールは、この結びついたものを、「記号※2（シーニュ：signe）」と呼んだ。そして、結びついている2つのものにも名前をつけ、／inu／（イヌ）のような、頭のなかにある音のイメージの連続を、「意味するもの※2（シニフィアン：signifiant）」、一方「あのワンワンほえる生き物」のような、やはり頭のなかにある意味とか概念を、「意味されるもの※2（シニフィエ：signifié）」と呼んだ。この「意味するもの」と「意味されるもの」とが紙の表裏のように結びついたものが「記号」である。

　「記号」の「意味するもの」と「意味されるもの」との結びつきについて、ソシュールは「原理的には恣意的であるが、現実的には社会的である」と説明している。「恣意的」というのは、たまたま結びついているだけで必然的な理由はない、ということである。恣意性、あるいは自由性と言ってもよい。つまり、あの動物を「イヌ」と言う理由はとくにない、ということだ。ならば、これからは「ポテンコ」としよう、と決めてもいいはずだ。「ほら、のらポテンコが歩いてる」「君んちのポテンコ元気？」とか言ってもよいのだ。しかし、これでは通じない。「現実的には社会的である」というのは、言語は社会的慣習によって決まっていて、勝手には変えられないということである。社会性、慣習性あるいはしばられているという意味で、拘束性と言ってもよい。さて、それなら、取り決めをすればいい。今から、私とあなたは、あの動物を「ポテンコ」と呼ぼう、と約束すれば、すぐに通じるようになる。ただ、これだけでは一部の人、地域に限定されている。それがもし、例えばテレビで多くの人が使ってそれに影響されて日本中で使うようになったとすれば、「日本語が変わった」ということになるわけだ。

※2　記号
　日常使われる「記号」とは違う意味であることに注意。「意味するもの」と「意味されるもの」とが結びついたものであり、そのものではない何かをさし示すものである。ソシュールの使用言語はフランス語であったので、「シーニュ」と呼ばれる。「シニフィアン」「シニフィエ」もフランス語の用語。

3 ── 「ことば」は要素が並んでいる

　「い」と「か」を同時に発音できる人がいるだろうか。いないはずである。人間のからだは、そのようなことができるようになっていない。音を並べて、初めて単語としてとらえられる。並べると順序ができる。順序を変えて「いか」「かい」とすると、違う語になってしまう。また、「いかを食べる」のように語を並べて文をつくるが、「を食べるいか」では、日本語の文にならない。「いかが、かいを食べた」「かいが、いかを食べた」と、語の位置を変えると文の意味が変わってしまう。

このように、言語は、音や語という要素が時間の流れに沿って並ぶ、という性質をもっている。これを「線条性」と言う。文字の場合は同時に存在しているが、それを言語として読むときは、一定の順序で読む。というより、ある順序で文字を見ていくことが、読む、ということなのだ。つまり、時間の流れに沿って文字をとらえていくわけだ。言語に線条性がある、ということは、言語は要素に分けられる、ということであり、その要素が、ある決まりや習慣によって並べられる、ということである。

4 ──「ことば」の要素は2段階になっている

「ことば」の要素にはいくつかの段階があるが、大きく2つのレベルに分けられる。文は、語を並べることによってつくられる。語は、音を並べることによってつくられる。音が並んでできる語は、意味と結びついているが、音そのものは意味と直接に結びついてはいない。このような2つのレベルで要素に分けられる、という性質を「二重分節性」という。「分節」というのは、竹の節のように、要素に分かれるということで、それが2段階になっているのだ。多くの動物は鳴き声で何かを伝えている。ミツバチも蜜のある花のある所を仲間に伝える。しかし、その鳴き声やダンスという表現手段は2つのレベルの要素には分けられない。

人間が聞き分けられる言語音の種類は、多くてもせいぜい50どまりである。静かなところで耳をすませばもっと聞き分けられるのだが、それでは、ちょっとでもほかの声や雑音のあるところでは役に立たない。日本語で聞き分けなければいけない音の種類は23ぐらいである。この音を組み合わせて私たちは語をつくる。日本語全体では20万語以上ある[※3]と言われるが、私たちが普段使ったり理解したりするのは、およそ5万語ぐらいであろう。わずか数十の要素の組み合わせで数万の要素ができるわけだ。そして、この数万の語を組み合わせて、私たちはほとんど無限の文をつくりだす。

もとは限りあるたった数十の音なのに、私たちは言語で無限のことがらを表現できる。それはこの二重分節という仕組みのおかげである。

※3 20万語以上
　固有名詞や複合語などをあわせればもっと多い。日本最大の国語辞典である小学館『日本国語大辞典　第2版』の見出し語は約60万語である。

第2節 ● 「ことば」をささえる体─生理学的な基礎─

1 ── 大脳言語中枢・聴覚器官・構音器官

　人間が「ことば」をあやつることができるのは、大脳の働きによるところが大きい。大脳は、左と右の半球に分かれ、脳梁という部分でつながっている。おおざっぱに言えば、左半身の神経はまず右半球と、右半身の神経はまず左半球とつながっていて、そのため一方の半球に障害が生まれたとき、その反対の半身の運動や、感覚に問題がおきる。

　大脳にはまとめて「言語中枢」と呼ばれる2つの部分がある。どちらもなぜか大部分の人は左半球にある（なかには右にある人や両半球にある人もいる）。この2つは、発見した大脳生理学者の名前から「ブロカ領」、「ウェルニッケ領」と言う。失語症の患者について、共通して損傷を受けていた部分を調べることによってわかってきたものである。

　失語症には、大きく分けて2つの典型的なタイプがある。1つは「表出性失語症」とか「運動性失語症」と呼ばれるもので、ほかの人の話すことは問題なくわかり、しかも、口の運動機能そのものは問題がないのに、話そうとしてもうまく声が出せなかったり、思う通り発音できなかったりする。このタイプでは、ブロカ領に損傷がある。ブロカ領は、大脳の、運動野という部分の下のほう、口やのどや唇などの運動機能を支配する部分とつながっていて、発音するための器官の運動を調整しているらしい。

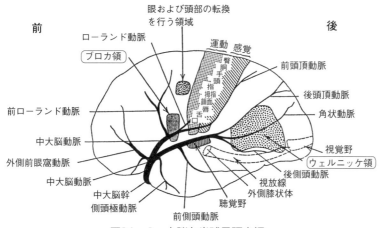

図14-1　大脳左半球言語中枢
資料：レネバーク,E.H.『言語の生物学的基礎』大修館書店　1974年　p.212

もう1つは「受容性失語症」とか「感覚性失語症」と呼ばれるもので、口の運動機能や聴覚機能そのものは問題がなく、発音はきれいで、ほかの人の言ったことを繰り返して発音することもできるのに、話すと文としては何を言いたいかがよくわからなかったり、ほかの人の言ったことが理解できず、「コップを取って」と言うとそばの花びんを取ったりするような、ちぐはぐな行動をしたりする。このタイプではウェルニッケ領に損傷がある。ウェルニッケ領は、大脳の、聴覚野という、耳で聞いた音を処理する部分とつながっていて、音を意味と結びつける働きをしているらしい。ソシュールの用語で言えば、「意味するもの」と「意味されるもの」とをつなぐ部分ということになる。

　聴覚器官は、音声を聞き取る働きをする。頭の外に突き出している耳介は、集音器官で、前の音がよく聞こえるようにできている。外耳道は、いわゆる耳の穴で、音を聞くためには基本的には通じていればよい。ゴミや汚れを外へ運ぶ仕組みがあるので、乳幼児の耳垢には、あまり神経質になる必要はない。その奥にあるのが鼓膜である。この鼓膜までを「外耳」という。

　鼓膜は、かなり丈夫な膜で、外から伝わってきた音波、つまり空気の振動によって、震える。この震えを、鼓膜にくっついている、耳小骨という3つの小さな骨（鼓膜側から、順にツチ骨、キヌタ骨、アブミ骨という）で、さらにその奥にある蝸牛（うずまき管）と呼ばれる器官の、前庭窓という部分に伝える。鼓膜から蝸牛の前庭窓までを、「中耳」という。中耳は空洞で、下のほうの耳管によって、のどとつながっている。耳管は、普段は閉じていて、なるべく細菌が入ってこないようにしている。また、開いていると、せんべいをバリバリかじる音や自分の声がなかから直接届いて、うるさい。何かを飲みこんだり、あくびをしたりしたときに、耳管が開く。山に登るとき、新幹線がトンネルに入ったとき、飛行機の離着陸のときに、鼓膜の外となかの気圧が違うために鼓膜が自由に動かず、耳の聞こえが悪くなることがある。そのときには、あくびをするか、何かを飲みこむと、耳管が開き空気が出入りして、気圧が同じになる。

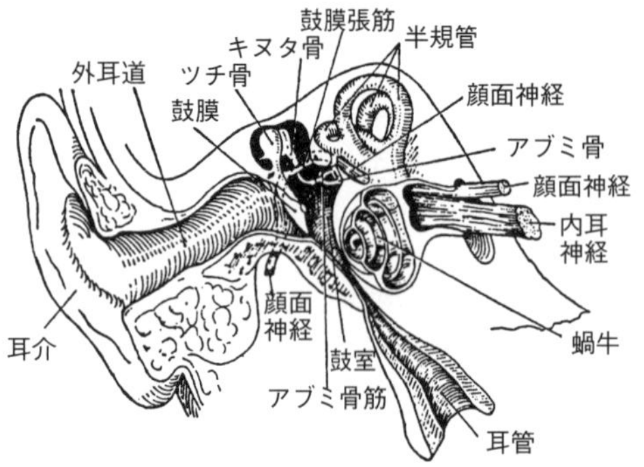

　蝸牛とはカタツムリのことで、名前の通りカタツムリのからのような形をしている。うずまき管ともいう。なかは、2階建てのようになっていて、その仕切り（1階の天井＝2階の床）を基底膜という。前庭窓に伝わった震えは、この基底膜を奥

図14-2　聴覚器官
資料：永淵正昭『聴覚と言語の世界』東北大学出版会　1997年　p.18

へと伝わっていく。基底膜の表面には「らせん器」という器官がある。細かな毛のようなものがあり、その一つひとつが聴神経の先端である。蝸牛のなかは体液がつまっていて、毛の上をゼリー状のものがおおっているので、基底膜が振動して毛がゆれると、刺激されて神経パルスを出し、それが脳へと伝えられることになる。蝸牛の前庭窓から奥を、「内耳」という。

なお、音の聞こえとは関係ないけれども、蝸牛の上の方に、半規管、あるいは三半規管と呼ばれる部分がある。体のバランス、平衡感覚のための器官である。ここに問題が起きると、めまいがすることがある。めまいは、目の器官ではなく、この半規管の問題によることが多い。

構音器官は、口や鼻、そのなかの空洞、舌、のど、そしてそこへ空気を送る肺などのことである。楽器として考えれば、「肉管楽器」かもしれない。生きていくためには、空気や食べ物を取り込むことが最優先で、余った能力を使って、人間は音声を出す。吸気、つまり吸い込む空気の方が大事なので、体に不要な廃棄ガスである呼気、吐き出す息をたいてい使う。音声は空気の振動であるが、その振動を主としてつくりだすのが声帯である。のどの上の方を咽頭、下の方を喉頭というが、声帯は喉頭にある。両側から筋肉があわさり閉じた状態のところに肺から気管を通じて空気を送ると、そこをむりやり空気が通り、振動が起きる。空気は、喉頭蓋と呼ばれるあたりから、口腔（今はコウクウと呼ぶ、もともとはコウコウ）、つまり口のなかの空洞や、さらに口蓋帆（その先端部分は口蓋垂と呼ぶ）と呼ばれるあたりの後ろにある部分を通って、鼻腔（ビクウ、もとはビコウ）、つまり鼻の奥の空洞に達して、そこで共鳴し、口腔ではその形などで変化して、外に出る。口蓋帆は、動いて、鼻腔への通路をふさぐことができる。

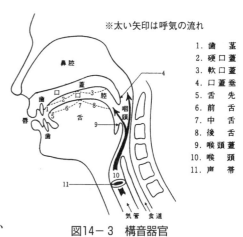

図14-3 構音器官

資料：宍戸通庸ほか『表現と理解のことば学』ミネルヴァ書房　1996年　p.147　一部改変

2 ── それらの障害が言語発達に及ぼす影響

言語の障害は、たいていの場合、何かの障害の結果としてあらわれる症状である。言語に異常があるときは、それを引き起こす何かの障害があるのではないかと考えられる。言語発達が遅れていたり、発話に異常があったりするとき、その背後に何か原因としての障害があるかもしれない。保育者は、

子どものことばをよく観察することで、障害を早く発見できることがある。ただし、素人(しろうと)判断で、勝手に決めつけてはいけない。しばらく様子を見つづけて、やはり問題があると思われた場合には、親にアドバイスして、相談所や医療機関にいくことを勧めるとよい。

　また、一時的な障害は、誰にでもある。聴覚器官では、外耳道に水が入ると、耳の聞こえが悪くなるし、中耳炎になると中耳に液体がたまって聞こえが悪くなる。構音器官では、かぜをひいて鼻づまりになると、鼻腔へ空気が抜けなくなり、音が変化してしまう。こういった障害は、原因がなくなればすぐに元に戻る。

　また、発達途上の障害もある。子どもはある時期よくどもったり、「幼児音」と呼ばれる発音をしたりする。「幼児音」は、構音器官の発達が未熟な時期の、子どもの音の言い誤りの総称である。

　生理的な条件の障害によって起きる言語障害の一部を取り上げて、簡単に説明しておく。失語症では、程度にもよるが、リハビリによって、かなり回復することが可能である（ただし、その過程には大変な苦労がある）。損傷を受けた部分の周辺が、その機能を代償するらしい。幼児の場合には、大人より回復が早いことが多い。それは多くの場合、反対の右半球の、同じ位置の部分が発達して言語中枢となるためである。耳の聞こえが悪いことを、難聴と言う。難聴は、その程度はさまざまで、最も重度の難聴（90デシベル以上でないと聞こえない）を聾(ろう)という。外耳・中耳の、振動を物理的に伝える部分の障害によるものを、伝音性難聴という。伝音性難聴では、外科手術が可能な場合や、補聴器などによって補うことができる場合がある。内耳や聴神経系など、神経パルスを生じたり伝えたりする部分の障害によると考えられるものを、感音性難聴という。最近では人工内耳の開発など画期的な進歩もあるが、治療や補助手段は、伝音性難聴ほど単純ではない。保健師による乳幼児検診では、必ず耳の聞こえを確かめる。難聴は早く発見して対応するほどよいからである。このほか、「脳性まひ」「ダウン症」「盲」「口蓋裂」などは、乳児期までに障害がわかっているので、早い段階からそれに対応した対処や言語教育ができる。

3 ── 保育者として留意すべき問題

　生理的な原因のはっきりしない障害では、ある程度の年齢にならないと診断を下せないことがある。「発達障害（自閉スペクトラム症）」もその1つで、大脳の何らかの障害により、人との関係をうまくつくれない、あるいはそれ

に興味や必要性を感じないことから、コミュニケーションに問題が生じるらしい。保育者のなかには、ときおり、医師も診断していない子どもについて「自閉的だ」とか「自閉症に似ている」と軽々しく口にする人がある。そのような軽率なことはしないよう、心掛けるべきである。また、一時的にどもることは誰にでもあり、言語習得の過程ではよくあらわれるが、それが深刻になっていつもどもるようになり、やがて話をしたり、人と会ったりすることも避けるような場合「吃音(きつおん)」と呼ぶ。これも原因がはっきりしないが、他人から笑われたり「どもっている」と指摘されたり言い直しをさせられたりすることで、深刻化することがあると言われる。本人が気にせず話しているようなら、周囲の大人も「どもっている」と指摘するべきではない。ましてや、どもらないように言い直させるのは論外である。保育者はこのことを念頭におく必要がある。

　近頃は、障害児と健常児とを一緒に保育するところが増えてきた。障害児にとってだけでなく、健常児にとっても、得るところが大きい。障害を特殊なこととしてとらえず、個性の１つとして受け入れ、自然に人によってできないことや困難があることを理解して、それを手助けしたり、どのようにしたらお互いに楽しく過ごせるかを工夫したりするようになるからである。

第３節 ● 日本語の音はどのようなものか

1 ── 「音声」と「音韻(おんいん)」

　子どもが「おはよう」と言う。先生が「おはよう」と言う。私たちはどちらも同じ「おはよう」ということばだと感じる。しかし、子どもの声と大人の声は違う。男性か女性かでも声が違う。かぜをひけば声が変わるし、気分にもよるし、朝と夜とでも違うかもしれない。１回１回の発音は、実はほんの少しずつ違う。それなのに、同じ音だと認識しているのである。

　１回１回の実際の音を、「音声」と呼ぶ。それに対して、頭のなかにあって、これは「お」これは「は」などと判断する基準となる音のイメージを「音韻」と呼ぶ。一つひとつの「音声」の単位は「単音」である。「音韻」の単位は「音素」である。

　個々の言語によって「音素」は違う。聞き分けなければいけない音の種類が違うということだ。英語では"right"と"light"は１つだけ音素が違う

単語である。［r］と［l］（［ ］内は音声記号）とを聞き分け、発音し分けなければいけない。つまり、これらは／r／と／l／（／ ／内は音韻記号）という、２つの別の音素なのだ。日本語話者は、日本語では区別の必要がない音だから、英語のこの区別に苦労することになる。日本語では、車の「ライト」と野球の「ライト」とが同じ発音でいいのだ。

　日本語の音素は、母音が５、子音が18だといわれている。これは、世界の言語のなかで、少ないほうである。少ないからといって必ずしもやさしいというわけではない。どの言語も少しずつ区別の仕方が違うので、どの言語でも発音を学ぶことはやさしくない。ただ、区別している数が少ないので、日本語話者がほかの言語を学ぶときには、たいていいくつかの新しい区別を覚えなければならない。

2 —— 日本語の母音と子音

　言語音声は、声帯の振動があるかないかによって、「有声音」と「無声音」とに分けられる。また、大きく母音と子音とに分けられる。母音は、基本的に有声音で、息が続くかぎり持続できる（「持続的」）。音の響きがよいので、「楽音：musical tone」的だといわれる。それに対して、子音は、有声音と無声音とがあり、唇までのどこかで息の通路をいったん閉じてから開いたり、通路を狭めてそこに息を通したりして音を出す。そのため、「非持続的」で、多くは短時間で変化し、長く発音しつづけることが困難である。音の響きは「噪音的noisy」である。

　日本語の母音には、鼻腔へ抜ける（鼻にかかる）「鼻母音」はない。共通語では、アイウエオの５つだけである。アは、口を開き舌の中央がやや高くなっている。イとウは、口を狭くし、イは舌の前寄りが、ウは舌の後ろ寄りが高くなっている。幼児はまず母音を習得するが、だいたい、最初にア、次にイとウ、そしてアとウの中間のオ、アとイの中間のエの順で身につける。

　子音は、どこで息の通路を閉じたり狭めたりするかという「調音点」、通路を閉じるのか狭めるのかなどの「調音方法」、声帯の振動があるかないかという「有声音／無声音」の別、によって分類される。日本語の子音は、「調音点」では、顔の前面から順に、「両唇音」「歯茎（「しけい」または「はぐき」）音」「硬（「こう」または「かた」）口蓋音」「軟（「なん」または「やわ」）口蓋音」「声門音」に分けられ、「調音方法」では、「破裂音」「摩擦音」「破擦音」「流音」「鼻音」に分けられることが多い。マ行の子音は「両唇鼻音」パ行バ行の子音は「両唇破裂音」で、幼児が最初に習得する。両唇音なので唇の動きがよく見

えて模倣しやすく、鼻音や破裂音なので力の微妙な調整が必要ないからである。サ行ザ行の子音は主として「歯茎摩擦音」で、習得が遅く、幼児音になりやすい。摩擦音は力の調整が必要だからである。カ行ガ行の子音（「軟口蓋破裂音」）、タ行ダ行の子音（「歯茎破裂音」）、ナ行の子音（「歯茎鼻音」）などは、これらの中間で習得される。最も習得が遅いのはラ行の子音（「流音」）である。舌の動きが最も複雑で、微妙だからである。

3 ── 日本語の「拍」と「音節」

　手をたたいてリズムをとりながら「タラコ」と発音してみよう。たいていは、「タ」「ラ」「コ」で１回ずつ、３回手をたたく。これが、リズムの最小単位である「拍」（モーラmora）である。「タラコ」は３拍なのだ。

　「カッパ」も３拍、「パンダ」も３拍である。しかし、この２語の中央の音、文字で書けば「ッ」や「ン」は特殊な音である。「ッ」は、それだけでは発音できない。実際には音がないからである。これを「促音」と呼ぶ。「ン」は、実は後ろの音によって変化するので、単独で発音しようとすると別の音になってしまうことがある。「サンマ」などの「ン」では口を閉じているが、「パンダ」「オンド」などでは閉じない。これを「撥音」と呼ぶ。また、「カード」の真ん中の長音符号に対応する音は母音であるが、その前の「カ」の母音をのばしていて、単独で発音するわけではない。これを「長音」と呼ぶ。この３つは「特殊拍」と呼ばれる。

　特殊拍は、実際の発音では、切り離して単独で発音できない。実際の発話の単位として、拍とは別に「音節」（シラブルsyllable）という単位をたてることがある。特殊拍以外は「拍」と「音節」とは一致するので、「タラコ」は３拍で３音節、「ツクエ」も３拍で３音節である。それに対して「カッパ」の「カッ」、「パンダ」の「パン」、「カード」の「カー」は、２拍で１音節となり、全体で２音節である。促音と撥音の場合以外は、拍も音節も母音で終わる。これを「開音節」という。日本語の音節は大部分開音節である。英語、朝鮮語などでは子音で終わる音節、すなわち「閉音節」が多い。それで、英語の単語が日本語に外来語として定着すると、もともと１音節の"bat, hit"が、最後に母音がついて「バット、ヒット」（ローマ字で書けば"batto, hitto"）となり、２音節（３拍）になる、という現象が起きる。"spring"も１音節だが、「スプリング」（"supuringu"）は４音節（５拍）である。

　日本語の平仮名・片仮名は、基本的に１拍に１文字が対応している。小さい「ゃ、ゅ、ょ」だけは例外で、前の文字とあわせて１拍である。この小さ

い「ゃ、ゅ、ょ」をつけた文字であらわされる音を「拗音」と呼ぶ。子音のなかで、母音に近い性質をもつヤ行とワ行の子音を、「半母音」と呼ぶが、例えば「きゃ」は、「か」のカ行子音とアという母音の間に半母音のヤ行子音が入っていると考えればよい。

第4節 ● 日本語の語や文法はどのようなものか

1 ── 文をつくる機能語

　私たちが実際に話しているのは「文」である。驚いたときの「あっ！」とか、幼児が発話しはじめたころに「マンマ」と言ったときも、たまたま一単語だけでできているけれども、やはり「文」である。だから、「一語文」と言う。「語」は、その文を組み立てている要素を、何かの基準に基づいて取り出したものである。だから、文法学者の間でも、どこまでを一語とするかについては、だいたい一致するが、一致しないこともある。

　日本語では、「おどった」の「た」のような「助動詞」や、「わたしが」「わたしも」の「が」「も」、「おどったか」の「か」のような「助詞」も、「語」とするのが一般的である。これらは、それだけでは使えないので、ほかの語が「自立語」と呼ばれるのに対して「付属語」と呼ばれる。付属語は、数は多くないが、よく使われる（使用頻度が高い）。文をつくるのに必要な要素だからである。自立語は、何かを指し示すが、付属語は何かを指し示すというより、文をつくる働きをするので、その面から自立語を「概念語」ないし「観念語」、付属語を「機能語」と呼ぶこともできる。

　日本語では、この機能語が重要な役割をもっている。例えば、「が」「を」「に」など、文をつくるために必要な現代日本語の格助詞は（認定のしかたによって多少違うが）十数個しかない。しかも、3歳ないし4歳には、その全てを習得している。死ぬまでそれを使い続けるわけだから、まさに「三つ子の魂百まで」である。

2 ── 文末が大切

　例えば、「きのう車で私は急いで福井まで行った。」でも「私はきのう福井まで車で急いで行った。」でも、同じ内容である。文のなかの要素を並べる順

序は、比較的自由である。また、相手がわかっていると判断すれば、その要素は省略できる。「車で急いで行ったんだ。」という、いわゆる主語のない文も、日本語としては自然である。英語などでは、こういうことはあまりない。

ただし、順序が自由といっても、「述語」はたいてい文の最後にある。また、「述語」は、一般的に省略できない。しかも、述語の部分に、機能語の助動詞や終助詞などがついて、「行ったかもしれなかったんだけどね」（つまり「行かなかった」）となることがあるので、日本語では、文は終わりまで聞かないと、ほんとうに言いたいことがわからない。これを「文末決定性」と言う。

文末には、「〜だろう」「〜したほうがいい」「〜してほしい」のような、話し手の判断や希望などの気持ちをあらわす要素や、「〜ね」「〜か」「〜わ」のような、話し手の聞き手への働きかけをあらわす要素があらわれる。その意味でも、日本語は文末が大切である。

第5節 ● 日本語の文字はどのようなものか

1 ── にぎやかな文字

「きのうは7時に帰ってテレビでJリーグの試合を見た。」という文には、ひらがな、カタカナ、漢字、アラビア数字（算用数字）、アルファベットが使われている。このように何種類もの文字を使うのが日本語の大きな特徴である。日本語が難しいとされる理由は、このように多くの種類の文字を使い分けなければいけない点と、特に漢字に複数の「よみ」が対応する点である。中国語は一般的には漢字のみで表記されるが、1つの漢字には基本的に1つの「よみ」しかない。

ひらがなは、現代仮名遣いでは、基本的に音（「拍（音節）」）と一対一で対応する。さらに、文字の名称もほぼ発音通りである。その点で英語におけるアルファベットより、ずっとやさしい。英語では、例えば"cat"は「シー、エイ、ティー」とつづる、というように、発音とは別に、単語ごとに文字の並びを覚えなければいけないが、日本語では、「ねこ」は、「ネ」という音は「ネ」という名の文字「ね」、「コ」という音は「コ」という名の文字「こ」と、ほぼ音の通りに書くことができる。

こうして考えると、音の認識がひらがな習得の前提となっていることがわ

かる。まず、「拍（音節）認識」そして「拍（音節）分解」ができなければいけない。「ユキ」という語は、「ユ」と「キ」という音でできていること、「ユメ」という語は、「ユ」と「メ」という音でできていること、そして「ユキ」の「ユ」と「ユメ」の「ユ」とが、同じ音であることがわかるということである。また、文字を読むためには、図形パタンが認識できなければいけない。丸、三角などの形が認識できることである。そして文字の場合は、他の図形と違って、上下左右の認識が必要となる。さらに、文字を書くためには、手の運動能力、動かし方の巧みさが必要である。筆記具を使って直線や曲線や波線を引いたり、丸や四角などの図形を描いたりできなければいけない。

以上のような能力を充分に身につけさせておくことが、文字教育の前提である。もし、さらに漢字指導にまで踏みこむならば、もう1つ、意味との関係を重視しなければならない。ひらがなやカタカナと違って、漢字は音とだけ対応するのではなく、意味をもった語と対応する。「ユキ」や「ツキ」の「キ」を、「木」と書いてはいけない。「木」が、園庭や公園にある幹や枝をもつ植物をあらわしている、ということを充分に理解させなければ、漢字を習得させたことにはならないのである。

2 ── 文字指導・外国語教育の問題について

幼児は、漢字でさえも教えれば覚える。「紫陽花」を「アジサイ」と読むことも教え込める。だが、こういった断片的な知識は何の役に立つのか？幼児には、それよりも身につけるべき重要なことがたくさんある。

現在、日本の学校教育ではひらがな、カタカナ、漢字の順に教えている。体系的な文字指導は小学校で行うことになってもいる。幼児教育では、子どもの興味に応じて文字指導をしてもよいが、一斉教育はしないのが普通である。小学校入学前に身につけることがのぞましいのは、自分の名前の読み書き程度である。ただし、少子化などに伴って親の教育熱も高くなり、親へのアピールもかねて、文字教育を取り入れている園も多い。保育者は、幼児にとって何が大切かを見きわめ、文字指導の背景を理解して、対処の方法を考えなければならない。

母語をいつのまにか習得するのであるから、外国語も早ければ早いほど母語と同じように身につく。そのため、英語の早期教育について熱心な人がある。もし英語を身につけさせたいなら、方法は簡単である。アメリカやイギリスなどで現地の幼稚園に入れればよい。しかし、多くの帰国子女の例でも

わかるように、日本に帰って思春期までにその環境がなくなってしまえば身につけたはずの英語能力も失われてしまう。逆に思春期以後までいて、英語を身につけると、母語であるはずの日本語の能力が充分でなくなることがある。つまり、外国語教育をするなら、ずっと持続しなければあまり意味がないし、母語すなわち日本語の教育もきちんとしなければならないのである。大人になって役に立つことを目的とするなら、それだけの覚悟と心構えが必要なのだ。

　幼児教育で外国語に触れさせることに意味があるとすれば、日本語以外にも言語があること、言語の音にもいろいろあること、違う言語や文化をもっていても同じ人間であること、外国語を使うことでその人たちとも意思が通じることなどを体験的に理解することである。それらを目的とした外国語教育であれば意義がある。日本語を母語としない子どもが入園することも多くなった。それをよい機会として、例えばポルトガル語などの初歩を身につけ、子どもにも使わせることも考えられよう。生きた外国語使用感覚、自然な国際感覚を身につけさせることができるはずである。

●「第14章」学びの確認
①「ことば」が、絵画や音楽のような表現手段と大きく違う点をあげてみよう。
②日本語の「音」にはどのような特徴があるのか、整理してみよう。
●発展的な学びへ
①幼児がどのように日本語の「音」を身につけていくか、調べてみよう。
②ことばの障害や遅れについて調べ、障害をもったり、ことばに遅れがあったりする子どもに保育者がどう対応したらよいかを考えてみよう。

引用・参考文献

1）天野清『子どものかな文字の習得過程』秋山書店　1986年
2）しおみとしゆき（汐見稔幸）『幼児の文字教育』大月書店（国民文庫）　1986年
3）ソシュール，F.de（小林英夫訳）『一般言語学講義』岩波書店　1972年

●○● コラム ●○●

ことばかけを考える―子どもの常識と大人の常識―

　新聞にこんな話が載っていました。ある家に電話したら、5歳ぐらいの男の子が出て母親が留守だというので、「おかあさんに、電話ちょうだいって言ってね」というと返事がなく、しばらくして困ったようにこう言ったそうです。「おばちゃんにこの電話をあげちゃったら、おうちの電話がなくなっちゃうよ」。

　また、ある保育者が子どもたちに「丸の上を赤くぬりましょう」と指示したら、いろいろな「ぬりかた」が出てきたそうです。丸の中の上半分を赤くぬった子、丸の外の上の方を赤くぬった子、丸を描いている黒い輪郭線の上を赤くぬった子、といった具合です。大人は、「電話をくれ」というのは、「電話をかけて」だと判断したり、「丸の上」とは、「描かれた丸の輪郭線の中」だと理解したりします。しかし、それは大人の常識です。子どもに大人の常識は通用しません。子どもに対してどのようにことばをかけるか、子どもの常識を考えて、工夫しなければなりません。

■編者紹介

赤羽根　有里子（あかばね　ゆりこ）

1959年宇都宮市生まれ

学　　歴：宇都宮大学大学院教育学研究科（国語）修士課程修了（教育学修士）

現　　在：岡崎女子大学子ども教育学部子ども教育学科教授

　　　　　（元公立小学校・中学校教諭。1995年より岡崎女子短期大学専任講師。同助教授、教授を経て、2013年から現職。）

鈴木　穂波（すずき　ほなみ）

1973年大阪市生まれ

学　　歴：梅花女子大学大学院文学研究科博士課程（児童文学専攻）修了、博士（文学）

現　　在：大阪大谷大学教育学部教育学科准教授

　　　　　（元公立中学校司書、大阪国際児童文学館専門員。2006年より梅花女子大学非常勤講師。2013年より岡崎女子短期大学准教授。2022年から現職。）

新時代の保育双書

保育内容 ことば〔第3版〕

2008年 4 月 1 日　初版第 1 刷発行
2009年 4 月 1 日　初版第 2 刷発行
2010年 3 月20日　第 2 版第 1 刷発行
2017年 3 月 1 日　第 2 版第 8 刷発行
2018年 3 月20日　第 3 版第 1 刷発行
2024年 3 月 1 日　第 3 版第 7 刷発行

編　　者　赤羽根　有里子・鈴木　穂波
発 行 者　竹鼻　均之
発 行 所　株式会社みらい
　　　　　〒500-8137　岐阜市東興町40　第 5 澤田ビル
　　　　　TEL　058-247-1227(代)
　　　　　https://www.mirai-inc.jp/
印刷・製本　サンメッセ株式会社

ISBN978-4-86015-426-4　C3337
Printed in Japan　　乱丁本・落丁本はお取替え致します。

シリーズ 保育と現代社会

保育と社会福祉〔第4版〕
B5判　約232頁　予価2,640円（税10%）

演習・保育と相談援助〔第2版〕
B5判　208頁　定価2,200円（税10%）

保育と子ども家庭福祉〔第2版〕
B5判　約224頁　予価2,640円（税10%）

保育と子ども家庭支援論
B5判　180頁　定価2,310円（税10%）

保育と社会的養護Ⅰ〔第2版〕
B5判　約244頁　予価2,860円（税10%）

演習・保育と社会的養護実践
—社会的養護Ⅱ
B5判　228頁　定価2,310円（税10%）

演習・保育と子育て支援
B5判　208頁　定価2,420円（税10%）

演習・保育と障害のある子ども〔第2版〕
B5判　約280頁　予価2,970円（税10%）

保育と日本国憲法
B5判　200頁　定価2,200円（税10%）

保育士をめざす人の福祉シリーズ

十訂　保育士をめざす人の社会福祉
B5判　約204頁　予価2,420円（税10%）

新版　保育士をめざす人のソーシャルワーク
B5判　188頁　定価2,200円（税10%）

改訂　保育士をめざす人の子ども家庭福祉
B5判　約204頁　予価2,420円（税10%）

改訂　保育士をめざす人の社会的養護Ⅰ
B5判　約176頁　予価2,420円（税10%）

新版　保育士をめざす人の社会的養護Ⅱ
B5判　168頁　定価2,310円（税10%）

新版　保育士をめざす人の子ども家庭支援
B5判　184頁　定価2,310円（税10%）

新時代の保育双書シリーズ

ともに生きる保育原理
B5判　192頁　定価2,420円（税10%）

幼児教育の原理〔第2版〕
B5判　176頁　定価2,200円（税10%）

今に生きる保育者論〔第4版〕
B5判　216頁　定価2,310円（税10%）

子どもの主体性を育む保育内容総論
B5判　208頁　定価2,310円（税10%）

保育内容　健康〔第2版〕
B5判　224頁　定価2,310円（税10%）

保育内容　人間関係〔第2版〕
B5判　200頁　定価2,310円（税10%）

保育内容　環境〔第3版〕
B5判　176頁　定価2,310円（税10%）

保育内容　ことば〔第3版〕
B5判　200頁　定価2,310円（税10%）

保育内容　表現〔第2版〕
B5判　176頁　定価2,420円（税10%）

乳児保育〔第4版〕
B5判　200頁　定価2,310円（税10%）

新・障害のある子どもの保育〔第3版〕
B5判　280頁　定価2,530円（税10%）

実践・発達心理学〔第2版〕
B5判　208頁　定価2,200円（税10%）

保育に生かす教育心理学
B5判　184頁　定価2,200円（税10%）

子どもの理解と保育・教育相談〔第2版〕
B5判　192頁　定価2,310円（税10%）

図解　新・子どもの保健
B5判　136頁　定価1,980円（税10%）

演習　子どもの保健Ⅱ〔第2版〕
B5判　228頁　定価2,420円（税10%）

新・子どもの食と栄養
B5判　236頁　定価2,530円（税10%）

 株式会社みらい　https://www.mirai-inc.jp/

〒500-8137　岐阜市東興町40番地　第五澤田ビル
TEL (058) 247-1227（代）　FAX (058) 247-1218